2019 年度安徽高校人文社会科学研究重点项目（SK2019A1019）
2016 年度安徽高校人文社会科学研究重点项目（SK2016A0904）
2016 年度安徽高校优秀青年人才支持计划重点项目（gxyqZD2016573）的阶段性研究成果

中国农业微观经济组织变迁与创新研究

刘明娟◎著

安徽师范大学出版社
ANHUI NORMAL UNIVERSITY PRESS
·芜湖·

图书在版编目(CIP)数据

中国农业微观经济组织变迁与创新研究 / 刘明娟著. —芜湖:安徽师范大学出版社,2021.8

ISBN 978-7-5676-4897-5

Ⅰ.①中… Ⅱ.①刘… Ⅲ.①农业经济-微观经济-经济组织-研究-中国 Ⅳ.①F325.1

中国版本图书馆CIP数据核字(2020)第244171号

中国农业微观经济组织变迁与创新研究　　刘明娟○著

责任编辑:祝凤霞　李晴晴　　责任校对:陈　艳

装帧设计:丁奕奕　冯君君　　责任印制:桑国磊

出版发行:安徽师范大学出版社

芜湖市北京东路1号安徽师范大学赭山校区

网　　址:http://www.ahnupress.com/

发 行 部:0553-3883578　5910327　5910310(传真)

印　　刷:苏州古得堡数码印刷有限公司

版　　次:2021年8月第1版

印　　次:2021年8月第1次印刷

规　　格:700 mm × 1000 mm　1/16

印　　张:13.75

字　　数:192千字

书　　号:ISBN 978-7-5676-4897-5

定　　价:48.00元

前　言

农业作为基础产业，在世界范围内不会产生“替代产业”，农业走向现代化是农业向高层次不断发展的必然趋势。农业生产的特殊性决定了农业微观经济组织不同于其他产业的微观经济组织。

从20世纪50年代初起，中国农业微观经济组织从个体农户到互助组、合作社、人民公社，再到实行“双层经营”的家庭联产承包责任制，其结构经历了一系列的变迁。20世纪80年代初，随着农村家庭联产承包责任制的确立，中国农村经济开始了市场化的进程，同时也启动了农村社会现代化的进程。

农业微观经济组织是农村经济发展的重要载体，也是农民参与市场经济活动的重要组织形式。从农业微观经济组织变迁来看，家庭联产承包责任制重塑了农业经济组织的微观基础，确立了农户家庭经营的主体地位，促进了农民温饱问题的解决，使农村闲置劳动力向非农产业转移，也推动了农村工业化的进程。但是，随着生产力的发展，家庭联产承包责任制下的小农生产模式已经越来越难以适应生产力发展的需要。此后，我国通过强化社区合作、加强集体统一经营和社会化服务体系的建设等途径来弥补家庭经营组织化程度低的缺陷，此举虽然取得了一定成效，但仍存在以一家一户为单位分散的小规模农业生产与大市场之间的矛盾日益突出，农户的弱组织状态严重困扰着农村市场经济的进一步发展等问题。具体表现为：农户的家庭规模进一步缩小，劳动力资源量相对减少，但现代农业生产劳动社会化程度又相对提升，这导致在农业生产环节劳动力的供求不匹配，农户家庭生产困难加剧；单个家庭经营难以抵御巨大的市场风险和农业生产本身的自然风险；分散经营导致农户家庭成员专业化程度低，无法满足生产力发展对分工协作的要求；小农生产方式的生产效率相对较低，比较经济利益使得农业生产要素资源呈现出一种加速的净外流趋势，这也给农业生产向深度发展带来了困难。组织化程度低不仅不利于作为市场主体的农民平等地参与市场竞争和有效地保障自身经济权益，同时也不利于国家对农村经济的宏观调控，进而造成国家保护农业和农民利益的部分政策和措施不能落到实处。要想从根本上改变这种状况，我们必须从农村的社会经济实际出发，将农户重新组织起来，走多种组织共同存在、共同发展的多元化发展道路，要根据中国特色农业现代化对农业组织结构的要求，进一步引导农业微观经济组织的创新发展。

农业微观经济组织创新是中国农业现代化进程中的一个重大课题。本书研究的是中国农业微观经济组织变迁与创新问题，主要内容包括农业微观经济组织研究现状与基本概念，发展农业微观经济组织的理论基础，新中国成立前农村互助合作组织变迁及其绩效评价，新中国成立后农业微观经济组织变迁及其绩效评价，新型农民合作经济组织的发展，现行农业微观经济组织分析，中外农业微观经济组织模式比较分析，创新农业微观经济组织的必然性，农业微观经济组织创新的前提条件，农业微观经济组织创新的实现，多元化农业微观经济组织创新方向等。其宗旨是努力构建新时代中国特色农业体系，实现农业现代化，发展和完善适合中国国情的农业微观经济组织。

目　录

第一章　农业微观经济组织研究现状与基本概念 ……001

一、研究现状 ……001

二、基本概念 ……003

第二章　中国发展农业微观经济组织的理论基础 ……011

一、西方合作经济思想 ……011

二、马克思主义经典作家的合作经济思想 ……021

三、马克思主义中国化进程中的合作经济思想 ……028

第三章　新中国成立前农村互助合作组织变迁及其绩效评价 ……041

一、新中国成立前土地改革的历史回顾 ……041

二、新中国成立前农村互助合作组织的发展历程 ……043

三、新中国成立前农村互助合作组织变迁的绩效分析 ……050

第四章　新中国成立后农业微观经济组织变迁及其绩效评价 ……053

一、新中国成立初期的农业微观经济组织 ……053

二、计划经济时期的农业微观经济组织 ……054

三、改革开放初期的农业微观经济组织 ……060

第五章　新型农民合作经济组织的发展 ……065

一、新型农民合作经济组织的兴起 ……065
二、新型农民合作经济组织的发展历程 ……066
三、新型农民合作经济组织的政策保障 ……069
四、新型农民合作经济组织的特征 ……079
五、新型农民合作经济组织的功能 ……082

第六章　现阶段农业微观经济组织分析 ……086

一、三种农民合作经济组织模式的基本内涵和特征 ……086
二、三种农民合作经济组织模式绩效评价比较和演化路径 ……091
三、现阶段农业微观经济组织的发展特点 ……095
四、现阶段农业微观经济组织发展过程中存在的问题 ……097

第七章　中外农业微观经济组织模式比较分析 ……099

一、西方发达国家农业微观经济组织模式及比较 ……099
二、西方发达国家农业微观经济组织的发展趋势 ……111
三、中外农业微观经济组织模式的比较 ……113
四、中外农业微观经济组织模式存在差异的原因分析 ……116
五、国外农业微观经济组织发展的主要经验 ……118
六、国外农业微观经济组织发展的启示 ……122

第八章　创新农业微观经济组织的必然性 ……126

一、面临的机遇 ……126
二、挑战与矛盾 ……129
三、农民组织化程度偏低的经济影响 ……130
四、市场农业发展的内在要求 ……134
五、经济社会发展的现实要求 ……136

第九章　农业微观经济组织创新的前提条件 ……145

一、农民组织化的一般特征 ……145
二、农业自身的特点 ……148
三、现代农业微观经济组织的内在要求 ……151
四、农业微观经济组织变迁的制度环境 ……156
五、农业微观经济组织变迁的动力机制 ……162
六、着眼于农业现代化 ……164
七、着眼于农业企业化 ……181

第十章　农业微观经济组织创新的实现 ……192

一、农业微观经济组织创新应明确的几个问题 ……192
二、农业微观经济组织创新的基本途径 ……196
三、农业微观经济组织创新要处理好的几个关系 ……201

第十一章　多元化农业微观经济组织创新方向 ……204

一、家庭经营组织创新方向 ……204
二、合作经营组织创新方向 ……207
三、企业经营组织创新方向 ……208
四、生产服务组织创新方向 ……210

第一章　农业微观经济组织研究现状与基本概念

一、研究现状

自20世纪80年代以来，国内外学术界对当代中国农业微观经济组织的研究大致可分为如下几个阶段：

第一阶段是20世纪80年代上半期，当时学者研究的重心是刚刚兴起的农村土地家庭联产承包责任制和初见端倪的农户经济。实事求是地说，在那一时期，人们对家庭联产承包责任制，尤其是对“大包干”以及农户经济再生的重大历史意义普遍认识不足[①]。大多数学者只把家庭联产承包责任制看作集体经济框架内生产经营方式的一种调整，有意无意地回避了生产关系重大变革、微观经济组织形式变迁这一更为本质的内核，对农户经济缺乏更深刻、更本质的认识，这一时期的理论研究明显落后于现实经济的发展。

在国际学术界，一批关心中国农业问题的学者对家庭联产承包责任制所带来的巨大变化感到惊异。他们运用现代经济学的研究方法，实证性地解析了家庭联产承包责任制的绩效之谜。这批学者比较了解人民公社经济与农户经济的绩效差异，力图从激励与约束机制、监督成本、退出机制等多方面说明农户经济效率高于人民公社

① 杜润生.杜润生自述：中国农村体制变革重大决策纪实[M].北京：人民出版社，2005：108.

经济的内在制度原因。他们的研究成果，尤其是研究方法使国内学者耳目一新，极大地拓宽了国内学者的研究视野。

第二阶段是20世纪80年代后半期至20世纪90年代，当时学者研究的重心转向了乡镇企业及与之相关的“苏南模式”“温州模式”的争论。这一阶段的前期，国内外学术界普遍关注乡镇企业成功的原因，并提出了各种理论假设，例如李稻葵提出了灰市场下模糊产权结构有效性假设①。同时，在浙江温州，以个体、私营企业为主体的乡镇企业发展非常迅速，甚至比苏南更迅速，但争议更大。

第三阶段是21世纪以来，在这一阶段，学者对中国农业微观经济组织的研究更全面、更理性和更深入。所谓更全面，是指研究视野进一步拓宽，这一时期研究范围涉及了广大农村地区不同类型、不同形式的农业微观经济组织。这一时期的代表作主要有：《中国农村基本经济制度研究——“三农”问题的世纪反思》（温铁军）、《合作社：农业中的现代企业制度》（杜吟棠）、《乡村新型合作经济组织崛起》（王景新）等。所谓更理性，是指人们的研究心态更成熟。虽然大多数研究者有自己的价值观念和理想组织模式，但面对多元化的现实，他们对不同类型的农业微观经济组织的存在与发展有着公正客观的评价。所谓更深入，是指研究建立在更理性的基础之上。学界之所以对农业微观经济组织研究更深入，原因如下：第一，随着实践的发展，人们占有的实际资料更丰富，随着时间的推移，一些农业微观经济组织的内在矛盾暴露得更充分；第二，人们日益掌握更多新的研究方法和研究手段。

理论研究没有终点，也没有顶峰。虽然当代中国农业微观经济组织的研究有许多重大的进展，但依然还存在一些缺憾和薄弱环节：第一，单独研究某一类微观经济组织的论著很多，但全面、系统地研究中国农村各种不同类型微观经济组织的论著还不多。第二，对各类农业微观经济组织内部的产权安排、运行机制的研究是过去此类研究的重点，相比之下，对各种不同类型的农业微观经济组织之

① 李稻葵.转型经济中的模糊产权理论[J].经济研究，1995(4)：42-50.

间存在的关系的研究就显得不够深入。第三，有些研究虽然有宏大的理论模型，但缺乏实证基础和案例支撑；有些研究则恰恰相反，虽然有大量案例支撑，但缺乏理论分析框架，这种类型的研究使人们看到的也只是一大堆没有内在逻辑联系的事实。目前做到理论与现实有机统一的研究还不是太多。

二、基本概念

（一）组织

学界对“组织”这一概念的界定众说纷纭，很难达成一致。从词性的角度来分析，“组织”有名词和动词两方面含义，这一观点在学术界已基本达成共识。作为动词的“组织”是指一个过程，是安排分散的个人或其他生产要素使其具有一定的系统性或整体性，并达到一定目标的过程。如作为管理职能之一的组织职能就是为了实现计划，在一定条件下使人、财、物、信息，达到尽可能好的配合的过程。作为名词的“组织”被认为是一个实体，或者是一种关系。但是对于“组织”的这一内涵，许多著名的管理学家、社会学家及致力于组织理论研究的学者都有着不同的理解，“组织理论之父”韦伯、巴纳德、西蒙都对此进行了相应的概括和论述。在20世纪70年代初，美国的组织理论家和管理学家罗宾斯将此前诸多“组织”定义归纳为以下10类：

（1）组织是追求一定目标的理性实体，组织的存在是为了实现一定的目标，而组织成员的行为是对这些目标的理性追求。

（2）组织是目标制定系统，它是人为创造的实体，其目标是由成员制定和管理的。

（3）组织是一个开放系统，是依托环境而求生存的投入-产出的转换系统。

（4）组织是一个信息处理系统，每个组织都要通过其纵横交错的各级组织部门处理从环境中获取的各种信息，并以信息为基础来进行决策，协调组织的各种活动。

(5) 组织是一个松散结合的系统，它内部的各个系统或部门都具有各自的目标，并且各系统或部门的目标会有所不同，甚至有的还会相互矛盾，但共同的大目标将它们结合在一起。

(6) 组织是合同或契约的集合体，它是由许多成文或不成文的合同或契约组成的，组织内的每个成员都根据合同或契约的规定进行工作，并据此获得相应的报酬。

(7) 组织是一个政治系统，它由内部各政治利益集团组成，每个政治利益集团为巩固自己的政治地位都意图掌握决策权或加强自己对决策过程的影响力。

(8) 组织是各种权力的集合体，它是由各种权力集团组合而成的，为了满足本集团的利益和要求，各权力集团都想用自己的权力来控制或影响组织对各种资源的分配。

(9) 组织是控制和统治的工具，它把每个成员都分配在一个固定的位置上，对每个成员应该做什么以及怎样做都有极其严格的规定，每个成员都受一个特定上司的指挥和控制。

(10) 组织是一座"监狱"，它通过工作职位说明书对每个工作岗位的工作要求和行为准则都进行了严格的限定，任何一个工作岗位上的人都受到该工作岗位责任的限制。

这些定义从不同角度理解"组织"，并强调"组织"某一方面或某些方面的功能和特性。罗宾斯在总结上述10大类组织概念的基础上给出了一个比较综合的"组织"定义："组织是人们为了一定目标的实现而进行合理的组织和协调，并且有一个相对可识别的边界的社会实体。"[①]这一定义虽然概括了众多学者对组织的认识，但从一定意义上来说，其对"组织"概念的认识仅停留在静态的机械论的层次上，没有体现动态的、发展的和系统的观点。管理学家卡普罗运用动态的观点，从组织成员的交互行为、组织活动的过程上来分

① 符绍珊.企业组织结构模式创新研究[M].北京:中国经济出版社,2008:6-7.

析，将“组织”定义为：一个组织是一种社会系统，有其明显的集体交互行为与认同、正确的成员名录、活动的计划以及组织成员更替的程序。这一定义认为组织是一个动态的社会系统。卡普罗把动态观引入组织研究，对以往静态的“组织”定义加以补正，这为学术界理解“组织”内涵提供了新的视角。

美国著名的社会学家帕森斯以发展的观点来分析“组织”，提出组织必须要能解决的四个基本问题：一是如何适应环境；二是如何决定目标并动用所有可供利用的资源来全力完成它；三是如何协调和统一组织中各个成员的关系，发挥他们的干劲，使组织成为一个动作一致的整体，完成共同目标；四是如何维持组织成立时的目标而不放弃。这一发展的观点认为“组织”不仅有静态的结构和动态的运动过程，而且还是一个能随环境变化而不断适应和自动调整的机体。卡斯特和罗森茨韦克从系统论角度提出“组织”定义，认为组织是一个开放的技术系统，它是由目标与价值分系统、社会心理分系统、技术分系统、结构分系统和管理分系统组成的大系统。它从外部环境接受能源、信息和材料的投入，经过转换，向外部环境输送产出。甚至可以说，组织是围绕各种技术的人类活动的构成和综合。

从以上各定义可以看出，对于“组织”一词不同学者是从不同角度加以阐述的，有静态观、动态观、发展观和系统观等。这些对“组织”的定义虽然侧重点不同，具有一定片面性，但其为我们多视角理解“组织”的含义提供了一定参照。基于以上定义，我们可以看出，“组织”具有以下特点：①组织是由有共同目标的人组成的群体；②组织的目标不是外加的，而是内生的，是随着组织发展及环境变化而变化的；③组织是一个开放的系统，组织内部及组织与环境之间不断进行着物、信息流和人的交换，组织在这些交换过程中不断变革和发展；④组织的基础是以技术为依托的有目的、有计划的活动，组织有正式或非正式的制度安排和内部结构。

综上所述，本书所说的“组织”是指一群有共同目标的人，以一定方式结合在一起，从事特定的活动，并通过责权分配形成内部协调与控制体系的一个完整的、对外开放的、复杂的社会技术系统，其随着环境的改变而不断进行自我调整与变革。

（二）微观经济组织

从上述“组织”的含义入手，界定经济组织以及微观经济组织的定义就比较容易了。经济组织是一类特定的组织，经济组织中“有共同目标的人”所从事的“特定活动”是指经济活动，并以此与政治组织、文化教育组织、群众性组织、宗教组织等相区别。事实上，经济组织及其性质一直都是经济学尤其是新制度经济学关注的重要议题。学术界对经济组织的含义也有不同的表述：

（1）经济组织是指从事物质资料的生产，为人们提供衣食住行和文化娱乐等物质生活资料的组织。它是人类社会最早产生、最基本、最普遍的履行社会经济职能的组织。此定义给出了经济组织所从事的特定活动的具体内容。

（2）经济组织是指经济体系组织经济活动所采用的体制，包括决策结构、信息结构和动力结构三个有机构成部分。这三个部分相互依存，共同决定着经济体系的生产要素配置、生产和收入分配过程的基本方式。这一概念侧重于组织的机制构造。

（3）根据组织与制度的区别和联系以及经济学家们的共性理解，新制度经济学分两种情况来界定经济组织：一种情况下，经济组织指的是“一类制度安排”。此时，企业组织（或市场组织、政府组织）是一种制度安排，而各种不同的企业组织（如业主制、合伙制、公司制等）则有不同的、具体的制度安排。这种经济组织定义反映了奥尔森的观点，即所谓制度无非是形形色色的法律和组织安排以及经济政策，也符合布罗姆利“组织有制度的含义”的说法[①]。为避免混淆，这种定义下的经济组织可称之为“组织制度”。另一种情况

① 张宇燕.经济发展与制度选择:对制度的经济分析[M].北京:中国人民大学出版社,1992:114.

下，经济组织是指一类行为的角色或行为的主体，也就是诺思所说的经济组织。这种对经济组织的定义强调的是组织行为准则和行为角色，我们可以称之为“组织集团”或“行动集团”。根据前文对“组织”的定义，并参考学术界对经济组织的相关论述，本书将经济组织界定为：一群有共同目标的人，以一定方式（如契约、血缘、政治力量等）结合在一起，从事特定的经济活动（如农业生产、企业运作、市场交易等），通过责权分配形成内部协调与控制体系（如企业的治理结构）的一个完整的、对外开放的、复杂的社会技术系统，其能够随着环境的改变而不断进行自我调整与变革。简言之，经济组织就是具有一定内部构造的经济行为当事人，它不是单个的自然人，而是具有一定数量规模的人的集合。

至此，“微观经济组织”的概念就已经基本明确了。这里的“微观”二字，是根据经济学研究对象关于总量与个量的区别而来的。微观经济学从个量研究出发，研究微观经济主体（如厂商、消费者）的行为，这是“微观”二字的基本精神。微观经济组织实际上就是由一群有共同目标的人组成，他们从事物质资料的生产，为人们提供衣食住行和文化娱乐等物质生活资料。“微观”界定了研究对象的层次，“经济”界定了研究对象的性质与功能，“组织”界定了研究对象不是个体行为人，而是有一定内部构造且有一定可识别边界的群体。

（三）农业微观经济组织

根据上文对“组织”和“微观经济组织”概念的界定，本书认为：农业微观经济组织是指在农村范围内建立的以农民为主体的一类经济组织。它是由从事农业生产或服务的个体，为了实现其特定的经济目标而组织在一起，从事特定的农业经济活动，通过责权分配和一定的组织结构而形成的一个完整的对外开放的复杂的社会技术系统。虽然是一种经济组织，但它类似于企业组织，也具有一定的目的，必须遵守一定的规则。在本书论题范围内，农业微观经济组织包括个体农户、互助组、合作社（初级社和高级社）、人民公社以及家庭联产承包责任制下的农户家庭经济组织和各种新型合作经济组织。

（四）合作

“合作”一词的原意是共同行动或者联合行动，它反映的是人们在经济活动中的平等互助关系。从内容来看，合作不同于单干，合作是若干人或若干集团为了某一特定目的共同行动，其具有参与主体的多元性、行为目标的一致性等特征，这也是合作同单干相比较而表现出的质的规定性。合作也不同于协作，合作是生产关系范畴，而协作则是生产力范畴。利用协作劳动获得经济剩余为历史上一系列劳动组织所自觉采用，但是这种协作劳动不一定是由合作关系形成的，由此产生的经济剩余也不一定为协作当事者所分享。作为经济关系的“合作关系”，其存在要具备两个条件：第一，合作者共同拥有经济活动所必需的要素；第二，合作者分别所有生产要素，但要共同占有或支配经济活动所必需的要素。一般来说，作为合作社核心原则或范畴的合作，就是依存于后一个条件而形成的。从实践来看，合作行为广泛存在于人类社会的各个发展阶段和人类经济活动的各个领域，依据合作原理建立的合作社已经成为市场竞争中弱势群体维护自己利益的一种重要经济组织。在社会经济活动中，分散的农民是弱势群体，弱势群体的交往能力和竞争力较弱。但农民一旦加入合作经济组织，就会形成一种特殊的聚合力量，产生较强的竞争力，从而改变自己在市场经济运行中的地位和命运。这是无可争辩的事实，也是中国现阶段农业组织发展的一个主要动因。

（五）制度变迁

1.制度与制度变迁

制度是约束人们行为的一系列规则，依据规则的作用方式和演替机理，其可分为正式制度与非正式制度两种类型。正式制度的主要特征在于其具有强制性，主要有法律法规、组织安排、政策和契约等。非正式制度是人们在长期交往中无意识形成的，具有持久生命力，并构成代代相传的文化的一部分。

制度变迁则是制度的替代、转换与交易过程，它既可被理解为一种更高的制度对另一种制度的替代过程，也可被理解为一种更有效益的制度的产生过程，还可被理解为人与人之间交易活动的制度结构的改善过程。诺思指出，当要素相对价格及谈判力量对比发生变化时，制度会发生变迁。组织是制度变迁的代理，当要素相对价格发生变化时，组织会根据利益最大化目标采取行动，从而勾画出制度变迁的方向。因此，制度变迁的过程，实际上就是实施制度的各个组织在要素相对价格或偏好变化的情况下，为谋取自身利益最大化而重新谈判，达成更高层次的合约，改变旧的规则，最终建立新规则的全部过程。

2. 制度需求与制度供给

早期的制度经济学大多偏重于研究制度变迁的需求诱致机理。科斯提出了制度变迁的一般原则：制度变迁成本与收益之比对促进或推迟制度变迁起着关键作用。诺思等人也认为，制度安排之所以会被创新，是因为在现有制度安排下无法实现潜在利益，从而使行为者产生了对新的制度安排的需求。拉坦的诱致性制度变迁理论将诺思等人的理论推进了一步。他认为，制度变迁不仅是由诺思讨论的对更为有效的制度绩效的需求所致，也是关于社会与经济行为以及组织与变迁的知识供给进步的结果。菲尼指出，制度变迁的供给是极其重要的，需求诱致虽是必要条件，但不是实现制度变迁的充分条件。由此我们可以看出，制度需求和制度供给共同推动了制度的变迁。

3. 制度变迁方式

制度变迁方式是指制度创新主体为实现一定的目标所采取的制度变迁形式、速度、突破口、时间、路径等的总和。制度变迁方式可划分为：诱致性制度变迁和强制性制度变迁，渐进式制度变迁和突进式制度变迁，主动式制度变迁和被动式制度变迁，局部制度变迁与整体制度变迁。制度变迁方式的选择主要受制于社会利益集团的权力结构和社会的偏好结构。

（六）制度创新

制度创新一般是指用新的组织制度安排代替旧的组织制度安排。拉坦认为，制度创新即制度发展，包括三个方面：第一，一种特定组织的行为的变化；第二，这一组织与其环境之间的相互关系的变化；第三，在一种组织的环境中支配行为与相互关系的规则的变化。产业组织学理论则认为，创新的目的是选择资源不被浪费的产业竞争秩序及充分利用规模经济的大批量生产体系，以消除超小型农户的低水平过度竞争及利润的细碎分割现象，提高产业的整体效益。创新的过程也是原组织瓦解或完善、新组织形成及成果稳定的过程。制度变迁方式的多样性说明了在不同时期、不同地域，由于制度选择目标的不同，制度创新的途径可以是多种多样的。

第二章　中国发展农业微观经济组织的理论基础

一、西方合作经济思想

（一）空想社会主义合作经济思想

合作社理论渊源久远，对合作社的研究可以追溯到19世纪上半叶。为了准确理解合作经济理论的产生背景，我们有必要考察它的起源。国外学者往往在宽泛的意义上追溯合作经济的起源，甚至追溯到《圣经》对美好社会的预言，古希腊思想家柏拉图的《理想国》对理想社会的描述。然而，从狭义上说，合作思想最初起源于欧洲，背景是资本主义工业化过程中阶级分化和阶级矛盾的加剧，导致空想社会主义思潮的兴起。空想社会主义是资本主义原始积累时期正在形成中的无产阶级的经济利益、政治要求和社会理想的"不成熟的"表达，这种"不成熟的理论，是和不成熟的资本主义生产状况、不成熟的阶级状况相适应的"[①]。空想社会主义思想产生于16世纪初，而合作经济思想就来源于此时的思想。19世纪初期，英国的工业革命和法国的资产阶级大革命极大地促进了资本主义的发展，同时，社会矛盾也大大加剧。在这一历史条件下，空想社会主义进入

① 马克思恩格斯全集：第20卷[M].北京：人民出版社，1971：283.

了一个繁荣时期，达到了它的最高阶段。法国的圣西门、傅立叶和英国的欧文是空想社会主义的三位杰出代表人物，他们继承和发展了早期空想社会主义者的主要思想，相继提出了改造资本主义制度的种种构想，使空想社会主义的理论体系和内容更加完整，其中就包含合作经济思想。

1.圣西门的合作经济思想

圣西门是19世纪初期法国杰出的空想社会主义者。他一生著作颇丰，代表作有《论实业制度》《实业家问答》《新基督教》等。他的合作经济思想集中体现在1821年出版的《论实业制度》一书中，在该书中他构建了未来理想社会的模型——“实业制度”。他认为资本主义是本末倒置的世界，是从神学和封建制度向实业和科学体系过渡的中间阶段。在实业制度中，领导权应由实业家和科学家共同掌握，精神权力应由科学院掌握，世俗权力应由实业家委员会掌握。实业家包括工人、农民、工厂主、农场主、商人和银行家。社会秩序应由全体公民共同维持。在实业制度里，政治首先是关于生产的科学，社会的唯一目的是满足人们的需要，尤其是满足占人口多数的最贫穷阶级的物质和精神生活的需要。实业制度的主要任务是制定清楚的、合理的、联合的工作计划。人人都要参加劳动，没有特权，按业务评定才能，按才能评定报酬。但在圣西门的实业制度中，保留了私有制和阶级，资本家照样获得利润。

2.傅立叶的合作经济思想

傅立叶出生于商人家庭，曾做过学徒，从事过各种商业活动，因而对资本主义制度有深刻认识。他认为资本主义制度是万恶之源，因而主张消灭资本主义制度，建立一种以“法郎吉”为基层组织的新和谐社会。这一思想集中反映在他于1822年发表的《国内农业结社论文集》中。傅立叶主张的“法郎吉”实际上是一种生产和消费的协作社，这种协作社大约占地1平方英里（合2.59平方千米），容纳1500—1600个居民。在这里生产以农业为主，工业是农业生产的补充。在“法朗吉”内，个人可根据兴趣爱好从事不同的工作，并且可以随时变换工作。资金由投股募集，每个成员都可入股，每个成员都参加劳动。盈余按劳动、资本、才能三者的比例进行分配。“法郎吉”的成员全部住进豪华的公共宿舍。其还建有中央大厦，内设食堂、图书馆、交易所、电报局等，供人们使用。

可见，这里的协作社实际上就是一种农业合作经济组织。傅立叶关于农业合作的思想主要包括以下几点：第一，组建农业合作组织要进行科学规划。傅立叶认为，在资本主义制度下农业的组合遭到资产阶级激烈反对，但人类想要走向和谐制度，就必然要建立农业协会，关键是要对农业协会进行科学规划，这样才不会令人望而生畏。第二，农业合作要与自然相适应。傅立叶认为，农业协会并非耕作人员的简单组合，而是至少要有800人才能组成一个“与自然相适应的和具有吸引力的”协会。所谓“与自然相适应的和具有吸引力的”协会，是指其会员在竞争心、自尊心等动力的激励下从事劳动的社会。第三，农业合作要注重经济效益并建立有效的激励机制。傅立叶提出的农业协会不仅是农业本身的协作，也是农业劳动、家务劳动、工业劳动、商业劳动、教育劳动、科学的研究与应用、艺术的研究与应用等七个方面的协作，他认为只有这样才能构成整个社会协作的整体。第四，农业合作以商业为补充才能确保成功。傅立叶认为，农业协会应当有自己的商业，其目的“在于防止由食品丰足而产生的弊病，以及由食品不足而产生的弊病，并预防这种或那种的不利事件的产生”①。

傅立叶及其追随者曾经根据他的构想进行了试验，但由于他们不主张实行社会革命而只是期待富人支持，最终因资金匮乏，试验宣告失败。

3.欧文的合作经济思想

欧文是一位空想社会主义者，也是一位企业家、慈善家。他出生在一个小手工业者家庭，目睹了资本主义发展给无产阶级和其他劳动者带来的灾难，对劳动者的疾苦深有体会。随着资本主义的发

① 傅立叶.傅立叶选集:第3卷[M].汪耀三,庞龙,冀甫,译.北京:商务印书馆,1981:29.

展，失业问题越来越严重，贫富差距日趋加大，在他看来，这一切的罪魁祸首都是私有制。他认为私有制和私有财产一直以来都是人们所犯的无数罪行和所遭受的无数灾祸的原因。因而，他反对一切形式的私有制，主张公有制[①]。针对资本主义的种种弊端，欧文提出了理想社会。合作公社是理想社会的基层组织，是一个生产和消费单位。公社成员在购置或者长期租赁的土地上劳动，土地面积根据所耕种土地的土壤条件和工农业之间的关系确定。

欧文关于合作经济的思想主要包括以下几点：①公社实行生产资料公有制和集体劳动，生产的目的是为了满足全体成员的物质和文化生活需要。②公社是一个集农业、工业、商业和教育为一体的组织，主要产业是农业，同时兼营工业。公社实行义务劳动，每个成员都要从事与自己年龄和特长相适应的工作。每个成员都要接受全面教育，以便从事全面的工作。③公社内部实行按需分配。公社的每个成员都可到总仓库中领取需要的物品，因此，在公社内部不存在商品交换。公社的剩余产品在公社之间根据等量劳动相交换的原则进行交换。④公社由其成员实施自主管理。公社的最高权力属于全体社员大会。由于政府工作大大简化并且人人都受过社会生活方面的教育，因此每个成员都应该参加行政工作。他还进一步设想，随着新一代的成长，行政管理范围会缩小甚至消失。这种人人都要参加行政机构工作的设想，实际上已不是凌驾于社会之上的国家。在上述设想中，欧文提出了关于国家消亡的思想。⑤关于人的全面发展的思想。欧文认为公社应当在每个人出生以后就教育和指导他们，使他们成为智、德、体、行方面最完善的人[②]。

欧文不仅是早期社会主义合作经济理论的集大成者，还是自己理论的实践者。1824年，欧文及其追随者在美国印第安纳州建立了新和谐公社。试验一度生机勃勃，但后来由于各种原因，试验宣告失败。1839年，欧文和他的信徒们又组建了一个“皇后林新村”，亦

---

① 俞家宝.农村合作经济学[M].北京:北京农业大学出版社,1994:25.

② 俞家宝.农村合作经济学[M].北京:北京农业大学出版社,1994:26-27.

称“和谐大厦”，最后也以失败告终。

空想社会主义者反对人剥削人、人压迫人的资本主义制度，试图采用合法的手段实现理想的平等、公平、民主的社会组织形式。虽然他们的实践最终都失败了，但他们对合作经济的积极设想是人类的宝贵财富，启发着人们对合作经济的思想研究和进一步实践。

（二）罗虚代尔公平先锋社的创建

空想社会主义合作思想的不断传播，推动了各国合作运动的发展。但是，空想社会主义者在合作社试验上的失败警示人们，合作社要想成功，就必须依靠自己的力量，必须适应现行的经济和社会条件，必须着重保障社员的切身利益。1844年10月，世界上第一个比较规范的合作社——罗虚代尔公平先锋社在英国诞生，它以切实可行的合作原则和卓有成效的合作业绩，开创了世界合作运动的新纪元。其成功的经验可以归结为以下三点。

首先，罗虚代尔公平先锋社把合作社的目标和性质定位于在社会生产的某个环节进行联合，谋取社员的个人利益。而在空想社会主义者那里，合作社是改造资本主义社会的工具，虽然这个武器是虚幻的，但仍然被资本主义上层社会视为洪水猛兽，这是傅立叶和欧文倡导的合作社得不到上层社会支持的根本原因所在。罗虚代尔公平先锋社抛弃了空想社会主义者把合作社作为社会改革直接工具的幻想，其创办的合作社只是为了具体解决社会弱势群体的实际困难，而不是立即对整个社会进行宏大改革。这个改变使资本主义上层社会对合作社的敌视态度发生了根本性的变化，认为合作社可以缓和社会矛盾，转而对合作社给予支持。马克思曾经这样评论：“那些面善口惠的贵族，资产阶级的慈善空谈家，以至机灵的政治经济学家，先前在合作劳动制处于萌芽状态时枉费心机地想要把它铲除，嘲笑它是幻想家的空想，咒骂它是社会主义者的邪说，现在都突然令人发呕地捧起场来了。”[①]从一定意义上说，罗虚代尔公平先锋社

① 马克思恩格斯选集：第2卷[M].北京：人民出版社，1995：606.

对空想社会主义合作社目标和性质的根本背离，是它取得成功的一个重要原因。

其次，罗虚代尔公平先锋社把合作社的发展与社员的个人利益结合起来。在现实社会中，人们追求并为之奋斗的都与其个人的经济利益密切相关。但是，空想社会主义把私有财产视为万恶之源，忽视个人利益，企图超越商品经济，这是他们设计的合作社及其试验不能成功的根本原因之一。罗虚代尔公平先锋社则十分明确地肯定个人经济利益，它的社章的第一句话就是："本社以实现社员之经济利益与改善社员的社会地位及家庭境况为对象和目的"①。罗虚代尔公平先锋社不仅肯定个人的经济利益，还把个人利益与合作社的发展结合起来。它实行按业务交易量分配盈利的制度，这既是对通常的按资本分配盈利的习惯的挑战，同时也把社员的个人利益与合作社的发展紧密地结合在一起。社员越是利用合作社，合作社也就越发展；合作社越发展，社员个人分享的合作社经营成果就越多。

最后，罗虚代尔公平先锋社把合作社的发展与社员的民主权利结合起来。在资本主义社会，商业实践中流行的是资本雇佣劳动，劳动是资本的仆人。罗虚代尔公平先锋社则把它们颠倒了过来，变成劳动雇佣资本，资本是劳动的仆人。罗虚代尔公平先锋社实行"一人一票"的民主管理，社员个人无论股金数量多少，都有相同的权利。社员入社的股金可以获得利息，但不参与分红，而且股金的利息受到严格限制，一般不超过市面上通行的普通利率。这个制度安排保证了劳动雇佣资本，改变了企业的性质，调动了广大社员的主人翁意识。

1864年第一国际成立时，马克思热情地肯定了工人阶级创造的罗虚代尔公平先锋社，他认为，对这些伟大的社会试验的意义不论给予多么高的评价都是不过分的。该社最早制定的办社原则后来被誉为"罗虚代尔原则"，成为国际合作制度的经典原则，为后来的国际合作运动奠定了坚实的基础。

---

① 米鸿才，邸文祥，陈乾梓．合作社发展简史[M]．北京：中共中央党校出版社，1988：8.

但是，罗虚代尔公平先锋社对合作社运动也产生了改良主义的影响。它既不像欧文的合作公社强调公有制，也不像消费合作社强调合作社必须具有不可分割的公共积累，罗虚代尔公平先锋社把合作社的目标和性质定位于在社会生产的某个环节进行合作，改善社员的经济境况，而不是改造资本主义社会，这就完全背离了合作经济思想把合作社作为改造资本主义的社会工具的基本思想。

（三）西方合作经济思想的流派

罗虚代尔公平先锋社的成功实践开启了世界合作社运动改良主义的先河。此后，形形色色的合作社改良主义便盛行起来。这些流派主要有无政府主义学派的合作思想，基督教社会主义学派的合作思想，国家社会主义学派的合作思想，尼姆学派的合作思想以及合作企业学派的合作思想。他们的研究领域集中在消费合作社、工人生产合作社和信用合作社。这些流派提出的合作纲领对世界合作社运动产生了深远影响。

1.无政府主义学派的合作思想

无政府主义学派的合作思想以蒲鲁东为代表。蒲鲁东是法国政论家、经济学家、小资产阶级社会主义者、无政府主义的创始人之一。虽然他本人并未参加或组织过合作社运动，但他的一些理论思想对合作社运动有很大影响。蒲鲁东认为，协会是唯一可行的、公正的、真正的社会机构，通过它，小生产者可以实现商品的等价交换。手工业者、商人、工人和小企业主可以通过互助联合成立进步协会。他认为自由是神圣的正义，是社会主义真正的基础，是不受任何限制的。应该取消具有政治属性的国家，它的任务只是对经济关系是否公平合理进行评价。在他看来，社会的实质就是家庭的组合。家庭与家庭之间存在着自然的和谐与分歧，但分歧能够在正义原则的基础上进行协调，家庭利益是人类的天性和自然法则。他认为，欧文的合作公社削弱了个人的主动性并损害了自由，一个人除非身不由己或是没有办法，否则是不会与他人协作的。但为了更好地完成工作，在小生产者之间小规模的协作还是必要的。在他看来，只有以加强个人地位和个人自由为目的的协作才可行。

此外，蒲鲁东还主张废除因特权和垄断造成的不平等，建立以劳动为根据的公平交换，使每个人和家庭获得全部劳动果实，为此要建立交换银行，下设两个会，分别负责生产和消费。这两个会联合办公，一方面组织原料供应，另一方面制成品满足消费需求。蒲鲁东的交换银行实际上就是生产合作社，也是消费合作社，还是信用合作社①。

2. 基督教社会主义学派的合作思想

基督教社会主义学派的合作思想以威廉·金为代表。威廉·金是英国基督教社会主义者，其合作思想在英国有很大影响，被称为"销售合作社之父"。威廉·金于1828年创办了杂志《合作社》，宣传合作原则和他的合作主张。他认为，合作社是对资本主义社会进行改造的有力工具。工人阶级贫穷的原因是他们只能得到劳动成果的1/4或1/8，其余绝大部分都被资本家占有。因此，工人阶级如果能自己掌握资本，就能得到全部劳动果实，生活就会得以改善，而工人阶级只有组织合作社才能自己掌握资本。与欧文幻想合作社资金由政府和富人捐助不同，威廉·金认为合作社资金应由劳动者自筹，可先从小合作商店办起，逐步扩充业务，待资本积累到一定量再考虑办工业合作社、农业合作社。与欧文一样，威廉·金也不主张进行暴力革命，他说革命的方法只是一种破坏。在他看来，合作社与私有制经济可以并存，劳动者组织合作社不是要分配资本家的财产，而是通过互助积累资金并自我提高，这有利于国家稳定。他的号召得到手工业者和失业工人的拥护，1827—1834年，手工业者和失业工人组织了约500个合作社。这些合作社大部分分布在他工作和生活过的布莱登城，这一现象被称为"布莱登合作社浪潮"。

3. 国家社会主义学派的合作思想

国家社会主义学派合作思想的代表人物是法国的路易·布朗和

① 俞家宝.农村合作经济学[M].北京:北京农业大学出版社,1994:38.

德国的斐迪南·拉萨尔。他们主张在资产阶级国家帮助下举办生产合作社，被称为“生产合作派”。他们认为，生产合作社是遏制资本集中、使劳动者得救的唯一出路。因而相同职业的人应组成合作社，共同进行生产。但劳动者虽有组织合作社的能力，却没有相应的资本，故需要国家给予贷款帮助。随着生产合作社数量的不断增加，它们会在某一领域占优势，进而相继在其他领域也占据优势地位，直至形成全国性的合作社组织，这样合作社就成为整个无产阶级的社会主义组织，资本主义便会被社会主义取代。

4.尼姆学派的合作思想

尼姆学派是19世纪末20世纪初对国际合作运动产生过重大影响的学派，其代表人物是法国的查理·季特。尼姆是位于法国南部的一个小城，曾有一批合作社理论家聚集于此倡导、组织合作社，并提出了一些有重要影响的合作社纲领和理论，故称“尼姆学派”。季特是巴黎大学的教授，曾于1886年当选为法国消费合作社全国代表大会名誉会长，1902年又被选为法国合作社联合社中央委员会会长。他认为，资本主义社会中劳动者一切灾难的根源在于存在一群吞食消费者利益的“寄生虫”，这些“寄生虫”以资本家和经纪人为主。劳动者要想摆脱这些“寄生虫”的剥削，就要联合起来组成消费合作社，进而消除资本主义的竞争和利润制度。在他看来，社会各个阶层的人都是消费者，生产是为消费者服务的手段。作为消费者，他们都希望减少中间商人的盘剥，买到物美价廉的物品。倘若全社会的人都作为消费者加入消费合作社，那么他们就可以对生产进行控制监督，从而使生产者获取的利润降到“正常标准”，并改善劳动者的地位。社会成员的合作分三个阶段：首先是发展消费合作社，维护消费者利益；其次是发展工业合作社，消除劳资矛盾；最后是发展农业合作社，实行耕者有其田。这样便能实现对资本主义社会的和平改造，建立起合作共和国。该学派对西方合作运动尤其是西方早期的合作运动有很大影响，罗虚代尔公平先锋社就是在季特的指导下创建的。

5.合作企业学派的合作思想

合作企业学派，又称标准学派，以德国的莱费森、舒尔茨-德立兹和哈斯为代表，他们主张创办信用合作社，其合作纲领对世界合作社运动尤其是信用合作社有重大影响。该学派认为，在资本主义社会，小农、小手工业者和小商贩等力量单薄，备受大资本家和放高利贷者的盘剥，他们为了维护自身利益需要联合起来组成合作社。这样既可以使自身免受大资本家和放高利贷者的盘剥，又可以提高手工业者和农民的技术装备力量和经营管理水平。合作社是社员自有、自治、自享的企业，其成立的目的是为社员谋利益，为社员服务。合作社以企业形式存在，其追求的是经济目标，而不是以社会改造为目标，它要取得生存和发展，就要与大企业竞争、抗衡。因此他们不主张消灭私有制，也不反对竞争。这类合作社既不会触动小生产者的所有制及小规模经营，又符合他们保留自己财产和经营的强烈愿望，也符合政府稳定社会的要求。因此，这类合作社在德国得到广泛发展并很快扩及其他国家。该学派虽然出现比较晚，但影响逐渐增大，到20世纪70年代已成为西方合作经济的主流学派。

上述五种合作思想派别都反对资本家和放高利贷者对劳动者的剥削，倡导人们联合起来组成合作社，以免除中间商和高利贷的剥削，改善劳动者地位和经济状况，从而实现对资本主义社会的和平改造。他们认为合作社与资本主义制度是可以相容的，他们相信通过劳动者的自助或国家帮助，合作社就能消灭资产阶级剥削。这改变了合作社与资本主义制度的敌对关系，促使资产阶级及其政府转变了对合作社的态度，这为合作社在资本主义社会的发展创造了有利条件，这些都是值得肯定的。

但是，受阶级和当时时代的限制，这些流派的思想也存在明显的局限性。首先，他们都回避阶级斗争，都把希望寄托在资产阶级及其政府身上，幻想通过政府资助来发展合作社，过分强调政府在合作社发展中的重要性，忽视了合作社组织的独立性。实践证明，他们所主张的合作运动一开始就受到资产阶级政府的压制和大资本主义企业的联合抵制，只有在资产阶级政府认为其不可能有大的发展，不可能损害资产阶级统治的情况下，才给予其微小支持。其次，他们所倡导的合作社并未触及资本主义制度本身，所以，资本主义国家才从最初的反对转而允许其存在，并给予其帮助和奖励。事实上，处于资本主义生产关系包围中的合作社，其内部一些管理原则很难贯彻执行，这样，合作社很容易就会被改变方向，合作主义不仅不能改变资本主义，反而会被资本主义所改造。最后，他们没有真正认识到资本主义社会劳动者贫困的根本原因是资本主义私有制，虽然合作社的广泛发展在一定程度上缓和了资本主义矛盾，减缓了劳动者的贫困，使劳动者的地位和生活水平有所提高，但是，通过发展合作社来实现对资本主义的和平改造是不可能的。

二、马克思主义经典作家的合作经济思想

（一）马克思恩格斯的合作经济思想

马克思恩格斯的合作经济思想是在工人运动广泛发展和批判继承空想社会主义者相关学说基础上产生的，其目的是对资本主义社会进行批判和鞭挞，为无产阶级取得阶级斗争胜利后如何对农业进行社会主义改造指明道路。

1.合作社是解决小农问题的有效途径

小农经济是比较落后的原始的生产方式，以自给自足的自然经济为基础。马克思认为，小农经济是阻碍生产力发展的过时的生产方式，其必然会被淘汰，而改造小农经济的有效举措只能是采取合作社的形式。恩格斯在《法德农民问题》中说道：不论是大农还是中农都不可避免走向灭亡，这一结果是没有办法改变的。这就指明了在资本主义条件下，自身存在弊端的那些小农是无法避开灭亡命运的。在这种情况下，小农只有加入合作社，走合作之路才有可能改变必然灭亡的结果。所以，马克思恩格斯认为解决上述问题的方

法就是要在无产阶级的帮助下使小农参与合作社，走上合作化道路，使广大小农联合使用生产资料并进行合作劳动，通过合作化对传统小农经济进行改造，把各小块土地结合起来进行大规模经营。合作能够带来规模经济效益，能够维护合作者的共同利益，有利于农民摆脱贫困的这一观点构成了马克思恩格斯全部理论的逻辑起点。恩格斯认为，小农合作化是发展农业生产的基本道路，小农参与合作社，不是自己拥有的土地被剥夺，而是将经营权交给合作社统一行使，这种方式农民比较容易接受。

2.坚持自愿、示范原则

农业合作道路是无产阶级夺取政权后对农业社会主义改造的必由之路。由于农民是自给自足的生产状态，很分散，所以需要一个代表农民利益的领导者把他们聚集起来，这个领导者就是无产阶级。无产阶级所要做的就是打破土地巨头、资本巨头在经济上的垄断，通过夺取政权来解放人民群众，使合作劳动能够实现。在这种情况下，无产阶级要想实现夺取政权的愿望，就必须推翻资产阶级这一大障碍，只有这样，才能实现整个社会劳动合作的变革。在马克思看来，想要顺利引导小农走上社会主义合作道路，就必须采用正确的方法，“不能采取得罪农民的措施，例如宣布废除继承权或废除农民所有权”[①]。在合作中，还不能违背工人或小农的意愿，只能采取示范帮助的方法。尊重农民的个体利益，就是要使农民意识到合作给自己带来利益，从而自觉、自愿组建合作社及扩大经营规模。恩格斯也这样认为，他指出无产阶级在夺取国家政权以后，发展生产合作社必须采取自愿、示范和国家帮助的原则。他强调建立合作社时不能违反农民的意志，更不能强迫命令、急于求成，必须对小农有耐心，“如果他们还不能下这个决心，那就甚至给他们一些时间，让他们在自己的小块土地上考虑考虑这个问题”[②]。这一思想体现了马克思恩格斯尊重人民群众意愿、尊重劳动者主体地位的历史唯物

① 马克思恩格斯选集：第3卷[M].北京：人民出版社，1995：287.

② 马克思恩格斯选集：第4卷[M].北京：人民出版社，1995：500.

主义观。

3.农民合作经济需要国家帮助

马克思恩格斯认为，合作经济应该作为一个中间环节，这个环节的作用就是过渡，即搭建由社会主义向共产主义过渡的桥梁。我们想要顺利实现这一过渡，就不能急功近利，而应该采用逐步过渡的方式，所谓“欲速则不达”就是这个道理。恩格斯为马克思《法兰西内战》单行本写的导言中就提出，这种合作经济不但要以工人的联合作为基础，而且需要把这种联合结成大的联盟，从而最终走向共产主义。他认为在发展合作经济组织的过程中不能仅依靠无产阶级的力量，还需要国家的帮助和引导。恩格斯指出，国家和政府应该对农业合作社的发展给予支持，帮助合作社顺利运行。由此看来，马克思恩格斯对于国家的帮助还是十分看重的，他们认为农业合作社是弱势群体的联合，其发展离不开国家的帮助，农民建立合作社后，无产阶级要慷慨地对待农民，并通过各种手段支持合作社的发展。在资金方面，他们认为可以“由国家银行接收它们的一切抵押债务并将利率大大减低；从社会资金中抽拨贷款来建立大规模生产（贷款不一定或者不主要是货币，可以是必需的产品：机器、人造肥料等等）及其他各种便利”①。集体生产势必会节省大量的劳动力，为了充分利用劳动力，国家可以给农业合作社多分一些田地或是给农民一定的资金帮助，让他们尽可能地去从事副业。他们希望在国家的帮助下发展合作社，希望合作社在顺利发展的基础上，转变资本主义的生产方式，从而在一定程度上为实现共产主义做准备。

4.多种分配形式相结合

马克思恩格斯的合作经济思想认为，在合作社发展的过程中，分配原则是十分重要的，合作社可以采取按劳分配的原则进行分配。在资本主义统治的时代，资本主义性质的按资分配在整个社会中成为占据主导地位的分配方式，而非按劳分配。按劳分配的实现需要

① 马克思恩格斯选集：第4卷[M].北京：人民出版社，1995：499.

有以下前提：第一，经济发展到一定水平。在资本主义性质下，按劳分配是不可能实现的，而在社会主义社会，已经不存在私有制，劳动成为每个人生存下去的一种手段，“不劳动者不得食”。到了社会主义的发达阶段，即共产主义社会，由于物质生产力发展已经达到很高水平，劳动不再是谋生手段，而是作为生活的一种需要，在这种社会里可以实现按需分配。第二，劳动者具有劳动主体意识。在资本主义社会中，工人、农民等劳动者处于社会底层，他们将自己的劳动力出卖给资本家，换回的收入仅仅能够维持基本的生存，劳动者的主体劳动意识不强。而在社会主义社会中，生产资料实现了公有制，劳动者的地位得以提升，劳动者的劳动能得到相应的回报，其劳动的主体意识增强。只有具备上述两个前提，按劳分配才能够实现。马克思的按劳分配理论主要包括按劳分配的尺度、按劳分配的对象、按劳分配的主体及按劳分配的手段。马克思的按劳分配原则并非在当时年代所能够实行的，是在未来社会里才有可能实行的分配制度。除按劳分配外，合作社还有另一种分配形式，即按生产要素分配。其具体可以表现为在合作工厂中，经理的报酬由工人支付，监督劳动的对立性质消失了，已经没有了资本主义企业中资本家的存在。经理的薪金由市场调节，按劳动时间和劳动的市场价格来确定，同其他工人完全一样。工人的收入按照他所付出的劳动、技术或是部分工人投资入股的资本等生产要素来确定。工人进行生产时付出的生产要素越多，最后获得的报酬就越多。按生产要素分配极易导致贫富分化。

（二）列宁斯大林的合作经济思想

1. 列宁的合作经济思想

列宁根据当时苏俄的具体情况，对马克思恩格斯的合作经济思想进行了创新和完善。从他的著作《论合作制》中，我们能够看出，列宁对于农民合作经济的发展十分关注，他的合作经济理论是相当系统的。在这些理论的指导下，当时的苏俄不仅快速恢复了国家生产，马克思主义合作经济理论也得到丰富。

（1）自愿互利是合作社的基本原则。要想实现社会主义合作经济的顺利发展，就需要采用适合农民的发展方法。列宁提出合作社发展必须坚持自愿原则，即必须体现农民的自觉性和诚意，在农民自愿的基础上，引导他们加入合作社。以强迫的手段命令农民加入合作社只会破坏工农联盟，无法解决农民的现实生产问题，更无法实现农业的社会主义改造。列宁认为由小农经济向共耕制直接过渡有困难，是因为大多数农民没有这个意愿，只有极少数有觉悟的农民能够接受共耕制，因此，实现共耕制需要很长时间。在逐渐实现共耕制的过程中要尊重农民的意愿，在此基础上才能顺利实现小农经济向共耕制的过渡。1919年列宁在《关于农村工作的报告》中多次强调："对于地主和资本家，我们的任务是完全剥夺。但是对于中农，我们不容许采取任何暴力手段。"[①]为使农民了解合作社的好处，1918年12月人民委员会设立十亿卢布基金，用于对农业公社、劳动共耕制以及由个体耕作向集体耕作过渡的农业村社或农户发放补贴和贷款。在认识到共耕社脱离俄国农村实际后，从1921年起，列宁改行新经济政策。同时，列宁提出实施新经济政策应当坚持马克思主义关于绝对不能剥夺农民利益的原则，合作需要保障小农的私人利益，适合最普通农民的水平，合作社必须使参加者个人得到好处，合作社要善于将公共利益和个人利益正确结合起来，最终通过示范引导农民逐渐走上合作社道路。合作社成效的好坏，不在于数量的多少，而在于质量，在于参加者是否真心加入并实现了预期目标。

（2）合作社的性质受社会制度的影响。关于合作社的性质，列宁指出："在无产阶级对资产阶级取得了阶级胜利的条件下，文明的合作社工作者的制度就是社会主义的制度"[②]。列宁认为，合作社的性质受社会发展阶段的制约和影响，其性质和发展方向归根到底是由占统治地位的国家制度和经济关系所决定的。资本主义制度下的

---

① 列宁全集：第36卷[M].北京：人民出版社，1985：185.

② 列宁全集：第43卷[M].2版.北京：人民出版社，1987：365.

合作社只是资本主义的集体组织，在无产阶级掌握政权的情况下，国民经济具有社会主义性质，因此，合作社就成了社会主义性质的合作社。列宁认为，商业性质的合作社的建立可以引导农民走上社会主义道路。在这一点上，列宁对马克思恩格斯的合作经济思想进行了创新和发展。

（3）合作社需要国家的帮助与支持。合作社不是以盈利为目的的经济组织，经济财力必然不雄厚。对于合作社的发展与壮大，列宁认为国家的帮助与支持是十分必要的，国家应在政策上给予合作社优待和支持。列宁指出，在国家政策上，要使合作社享受经常性的优待，这种优待是资财上的优待，在贷款数量方面，给合作社的贷款要比给私人企业的多。在列宁的倡导和支持下，一系列国家帮助、支持政策使农业合作经济恢复了生机与活力，这进一步促进了合作社的发展和壮大。列宁强调国家帮助的作用，还包含另外一层意思，即国家对合作社的帮助能够使合作社因为借助于国家贷款而被纳入国民经济的整个体系中。这在一定程度上有助于合作社逐渐成为社会主义经济体系中的一部分，此举不但能够抵制私人资本，而且能加深其与国民经济的联系。所以，国家对合作社的帮助就在于为它的发展提供相应的物质基础，使农民得到实惠，同时也保证合作社的发展符合社会主义的方向。

（4）强调合作制中农民文化水平的重要性。列宁认为，发展合作社必须要提高全体农民的文化水平。他认为合作经济同文明一样，都要经历一整个历史时代。列宁指出："要是完全实现了合作化，我们也就在社会主义基地上站稳了脚跟。但完全合作化这一条件本身就包含有农民（正是人数众多的农民）的文化水平的问题，就是说，没有一场文化革命，要完全合作化是不可能的。"[①]人数众多的农民由于接受教育相对较少，文化水平相对较低，对于合作社的了解和认识也不够深刻，所以他们对是否加入合作社持一种观望甚至是怀疑的态度。因此，要想提升农民的思想觉悟，使他们积极主动地参

① 列宁选集：第4卷[M].北京：人民出版社，1995:773.

加合作社就必须加强文化教育，提高全体农民的综合素质和思想认识。列宁指出，共产党人要提高整个国民的文化水平，至少让大多数农民能够明白合作社的功能和目的，并且能清晰地认识到合作社对于农民的真正益处，只有这样农民才会主动地加入合作社组织。列宁关于合作社的思想可以在一定程度上转变农民对合作社的看法，吸引更多的农民参与进来。另外，列宁还十分重视文化建设，强调要重视教师的作用，提高教师的地位。他认为，现阶段国家还没有充分关心教师，没有提高教师的地位，这是值得关注的，因为这不仅关系着无产阶级的文化建设，也关系着资产阶级的文化建设。他提出："应当把我国国民教师的地位提到在资产阶级社会里从来没有，也不可能有的高度。"①列宁还指出，在农民中开展文化工作的经济目的就是合作化，"文化革命"就是要通过改造农民个体，使人民群众把革命胆略和革命热忱同干练而有知识的商人的本领结合起来。

2.斯大林的合作经济思想

斯大林强调合作社在社会主义制度下要具有明显的社会主义性质，并认为合作社不是一种党组织，只是一种劳动者的群众组织，其具有自身的社会主义特点，不能将其等同于基层政府和党组织。所以，合作社不仅要在外部区别于政党组织，还应在内部理顺结构、优化功能，发挥作为劳动群众经济组织的作用。斯大林提出农业集体化原则，他认为，发展合作社一是要坚持自愿原则，二是要因地制宜、实事求是、循序渐进。合作社的发展有利于扩大无产阶级的范围，团结无产阶级，缓和阶级矛盾，进而促进社会主义国家稳定和发展。二战时期，这种团结一致的思想为苏联卫国战争的胜利提供了保障。

斯大林继承了列宁合作化思想的基本观点，但遗憾的是，斯大林后期没有坚持合作制的基本原则，而是试图控制农产品价格。他一直压低农产品价格，不断扩大"剪刀差"，此举最终引起广大农民

① 列宁选集:第4卷[M].北京:人民出版社,1995:764.

的强烈不满。

在此情况下，斯大林于1925年4月提出“四月让步政策”，但该政策不久就被扼杀，随后，苏联就发生了粮食收购危机。斯大林对此采取的措施是对农民实行高压，并把尚在发展中的合作社人为地推向更高阶段，倡导大力发展集体农庄。斯大林把农业合作社完全等同于集体农庄。1927年，联共（布）第十五次代表大会上决定全力开展农业的集体化，建立农业劳动组合这种高级形式的集体农庄经济组织。这一时期苏联农业集体化的特点是在公有制的基础上，农民集体生产、集中劳动、集中管理、统一分配。这种高度集中的集体农庄模式，被认为是社会主义农业唯一正确的模式。然而，从马克思主义合作制理论形成和发展的历史来看，集体农庄模式在一些重要方面并不完全符合他们的原意，更不符合列宁晚年的思想，它用集体化的概念代替了合作化的概念。集体农庄是违背农民意愿用行政命令的办法建立起来的，它没有遵循由低级到高级逐步过渡的原则等。这种高度集权的农业集体化模式背离了合作组织的原则，平均主义思想严重，导致效率低下，并极大地挫伤了农民的积极性。从1929年开始，历时六年的全盘集体化模式对后来社会主义国家的农业合作化运动产生了深远的负面影响，并最终成为苏联农业发展的桎梏。中国和其他社会主义国家的长期实践，也充分证明了这一点。

三、马克思主义中国化进程中的合作经济思想

马克思主义认为应用合作制来进行小农经济的改造，这个基本原理的实践曾经在中国起到了指导作用。同时，在马克思主义中国化进程中也逐渐形成了适合中国农村实际的合作经济思想，但马克思主义中的合作经济思想对于合作经济组织的发展仍有重要指导意义。

（一）毛泽东的合作经济思想

五四运动以后，国外思潮涌入中国，毛泽东在探索救国道路的同时，积极研究马克思主义合作思想和列宁、斯大林的合作理论，这在毛泽东的《组织起来》《关于农业互助合作的两次谈话》《关于农业合作化问题》《农业合作化的一场辩论和当前的阶级斗争》等文中均有体现。毛泽东的合作思想伴随人民革命活动，经历了土地革命、抗日战争、新民主主义革命、社会主义建设等发展阶段，形成了较为完备的合作思想体系，对解决实践中遇到的问题具有重要指导意义。

1.合作运动在农民运动中发挥了重要作用

毛泽东认为农民可以通过合作对抗地主阶级的剥削。他主张农民应该组织起来发展合作社，通过合作社来保护自身利益。1927年3月毛泽东在《湖南农民运动考察报告》中指出："合作社，特别是消费、贩卖、信用三种合作社，确是农民所需要的。"[①]"农民为了经济自卫，必须组织合作社，实行共同买货和消费。"[②]对于合作运动，毛泽东还指出，要发展劳动互助社，组织互助需要在自愿互利的原则下进行，不能强迫农民加入互助社，自愿互利是加入合作组织的基本要求。互助社可以以村为单位，必要时还可以以乡、区为单位，在任何地方都可以实施，我们应积极将农民联合起来共同劳动，统筹生产。毛泽东将自愿互利原则贯穿于农民合作组织的整个变迁过程中，强调无论是经济合作组织的组建还是调整，都要重视自愿互利原则。另外，毛泽东认为可以将耕田队合并到劳动互助社，在组织上把农民统一起来。根据当时的情况，劳动互助社和耕田队的合并不仅促进了农业发展，对军事革命也提供了有力的支援。后来，由于抗战的需要，毛泽东还组织了集体互助的初级生产团队。

① 毛泽东选集:第1卷[M].北京:人民出版社,1991:40.

② 毛泽东选集:第1卷[M].北京:人民出版社,1991:38.

2.合作社可以提高生产力水平

毛泽东十分重视农业经营模式和农业增长方式的转变，认为农业合作社可以通过集体劳动提高劳动生产率。在中国，农业是国民经济的基础，但分散状态下的农业导致农民长期贫困。他认为要改变这种状况，需要通过土地改革和农业互助合作变革农村生产关系。“一切合作社，都要以是否增产和增产的程度，作为检验自己是否健全的主要的标准。”[①]毛泽东指出：“如果不进行从个体劳动转到集体劳动的第二个生产关系即生产方式的改革，则生产力还不能进一步的发展。将个体经济为基础的劳动互助组织即农民的农业生产合作社加以发展，生产就可以大大提高，增加一倍或一倍以上。”[②]他进一步指出，这样的改革虽然没有改变生产工具和生产成果的私人属性，但是改变了人与人之间的生产关系。毛泽东从发展生产力的角度，认为合作社是生产制度上的第二次革命，合作社的发展不但可以促进整个农村经济的发展，消除贫困，而且可以更好地促进农民的发展，为农民指出了一条新的道路。农民通过合作可以有序组织农业生产，提高劳动生产率。

3.正确解决国家、政府与合作社的矛盾

在新中国成立之后，毛泽东加大对农村地区的改革，从而加快了农业恢复发展。毛泽东在借鉴马克思主义合作经济思想的基础上，对合作经济提出了自己的看法。他认为，在发展合作社的过程中会出现各方面的矛盾，主要体现在以下三个方面：首先，国家与合作社的矛盾。在新中国成立初期，百废待兴，在此情况下，农民负担较重，针对此，必须调整国家积累和农民消费以及合作社扩大再生产之间的关系。其次，合作社内部的矛盾。为了正确处理合作社与社员、合作社管理委员会与生产队、生产队与生产队、社员与社员、社员与干部之间的关系，解决合作社发展中出现的问题，毛泽东提出了一系列方针与措施，诸如“统筹兼顾、逐户安排、用其所长、

① 毛泽东文集：第6卷[M].北京：人民出版社，1999：449.

② 毛泽东文集：第3卷[M].北京：人民出版社，1996：70.

各得其所”，“按劳分配、多劳多得、互助互济、分别照顾”，“培养民主作风、强化民主管理”等。最后，各类型合作社之间的矛盾。对于不同类型的合作社，毛泽东指出要兼顾不同类型合作社的利益，要求各合作社相互扶持，从而促进共同发展。

4.毛泽东合作经济思想的当代价值

毛泽东的合作经济思想植根于当时中国的现实国情，在社会主义市场经济条件下，毛泽东农业合作思想的经验教训，对于发展中国农业微观经济组织具有重要的理论价值和现实指导意义。

（1）农业生产关系必须适合生产力状况。农业现代化要以农村的实际生产力水平为基础。合作社的发展在一定程度上促进了农业生产力的发展，但是在合作社运动后期，其试图单纯依靠变革生产关系来改造生产力，从而进一步为生产力发展服务，这显然是脱离实际的。当时，毛泽东还提出要尽快把分散的小农生产方式转变为集体合作的经营方式，认为这样可以使农村生产力水平得到显著提高。这种想法造成了农业合作化程度与农业生产力发展不相适应的状况。在当时高级社成为合作社的代表性方式，这是只重视生产关系而忽视生产力造成的结果。吸取当时的经验教训，中国农业要想进一步发展，走农业现代化道路，就必须坚持以当时生产力发展水平为标准。合作化经营虽然有利于生产力发展，但要有一个“度”。生产关系的改变一定要适应生产力发展的状况，否则，生产会受到影响。

（2）探寻中国特色的农业现代化道路。我们知道，包括农业现代化在内的“四个现代化”的目标是由毛泽东建议提出的。通过研究毛泽东农业合作思想的变化发展及历史进程，我们发现，他始终在探索一条有中国特色的农业现代化道路。无论是在民主革命时期，还是社会主义改造时期、社会主义建设时期，毛泽东都对农业现代化有很多思考。他希望通过变革农业生产关系，在运用马克思主义经典理论的基础上，结合中国历史经验，制定出符合中国发展的合作化道路的步骤、方针，阐明中国农业改造的原则等一系列问题，形成中国特色的农业合作理论。这对我们探寻中国特色的农业现代化道路具有重要借鉴意义。

（3）深入进行调查研究。毛泽东一生都对调查研究极其重视，他认为调查研究极为重要，“没有调查，就没有发言权”，这是毛泽东在中国农村长期的调查实践中得出的真理，也是我们社会主义现代化建设必须遵循的一条重要原则。毛泽东在极其繁重的革命和建设工作中，亲自做过无数次深入细致的调查。仅在土地革命时期，他就在农村专门做过十几个系统的调查。《中国佃农生活举例》是目前我们看到的最早的一份比较完整的调查报告。这是毛泽东在1926年做的调查，其目的主要是了解佃农生活的整体状况。这份调查报告后来被作为“中央农民运动讲习所”教材，为从事农民运动的人提供了很好的学习材料。农业合作化运动是毛泽东在土地改革以后，经过实地调查分析，总结个体小农经济的特点后提出的。此次运动相对成功地从经济上、政治上把农村个体劳动者集合在一个统一的体系内，促进了生产力发展，转变了生产关系。从毛泽东早期调查及其形成的调查报告来看，在开展实地调查的过程中，他始终注意把调查研究中遇到的一些重大问题上升到理论层面来思考。他的一些理论思考，为中国共产党推进农业发展研究提供了重要的理论依据。如果没有毛泽东为代表的中国共产党人身体力行的调查研究，我们就不可能正确认识农村在革命中的重要地位和作用，就不可能建立和巩固农村革命根据地，就不可能找到“农村包围城市、武装夺取政权”的正确的中国革命道路。此举在当时起到了稳定农民情绪、稳定农村、稳定社会、促进社会摆脱严重困难的良好效果，也为后人研究中国农村和城镇的政治、经济等提供了宝贵的历史资料。现阶段，尊重客观规律、重视调查研究仍是我们建设社会主义新农村的首要前提。

（4）充分调动农民的生产积极性。新中国农村经济发展的历程证明，只要能把农民的积极性调动起来，中国就能获得较好发展。我们应充分认识到：农村经济发展最主要、最直接的参与者是农民群众，最大的受益者也是农民群众，农民群众是做好这项工作最可依靠的力量。国家不仅要处理好与农民的关系，还要在任何时候都相信、依靠他们，为他们排忧解难，增加他们的收入，减轻他们的负担，提高他们的生活质量。要充分调动他们的积极性，更好地发挥其主体作用，大力倡导自力更生的精神，引导农民群众不等、不靠，有钱出钱、有力出力，依靠自己的双手建设美好家园。农民群众的力量是巨大的，在中国农村经济发展的过程中要让广大农民群众真正成为“主角”，从而大力推动农业现代化建设的进程。

总之，毛泽东农业合作思想是毛泽东在中国革命和建设的实践中，以马列主义关于农业合作化理论为指导，从中国革命和农村不同发展阶段的具体实际出发，探索出的具有中国特色的农业经济发展模式，其以变革农村生产关系为核心，把分散的农民以合作社的形式组织起来，走社会主义道路。这种经济组织形式是被实践证明了的，是值得我们在解决“三农”问题、建设社会主义新农村过程中借鉴的。

（二）邓小平的合作经济思想

邓小平在吸取了毛泽东农业合作化运动经验的基础上，提出了符合当时实际情况的合作经济思想。他的合作经济思想主要体现在他关于经济，特别是农村经济发展的相关论述中，其合作思想表现出积极的务实态度和对广大人民群众物质利益需求的满足。总体来说，他的合作经济思想以共同富裕为目标，从解决人民温饱问题着手，积极推动经济体制改革，并提出“两个飞跃”思想。

第一，合作化的目标是发展生产力，实现共同富裕。中国共产党人总结出社会主义初级阶段的中心任务就是发展生产力，目标是实现共同富裕，基于这一思想前提，邓小平带领全党开展各个领域的改革，力争把经济搞上去。中国的改革就是解放和发展生产力。改革从农村开始，实行家庭联产承包责任制就是为了更好地调动广大农民的积极性，更好地推动农村经济发展。邓小平热情支持广大农民从中国国情出发在农业合作经济制度创新方面所做的探索，支持把家庭联产承包责任制这种合作经济新形式作为农民实现共同富裕的保障。邓小平指出："我们坚持走社会主义道路，根本目标是实现共同富裕，然而平均发展是不可能的。过去搞平均主义，吃'大锅饭'，实际上是共同落后，共同贫穷，我们就是吃了这个亏。改革首先要打破平均主义，打破'大锅饭'。"[①]家庭联产承包责任制就是通过统分结合的合作经济体制，给农民以充分的经营自主权，调动广大农民的生产积极性，使一部分人先富起来，然后带动其他人，最终实现共同富裕。这样才能体现社会主义的优越性，巩固社会主义建设成果。

第二，顺应生产力发展要求，适时推动合作方式变革。改革开放初期，邓小平就指出，改革是一场革命，就是通过改变不适合生产力发展的生产关系，解放生产力和发展生产力。在包产到户初期，邓小平指出，包产到户"鼓励试，允许看，不争论"[②]，"农民还可不受地区限制，自愿参加或组成不同形式、不同规模的各种专业合作经济组织"[③]。生产力发展是集体化进一步发展的条件。1980年5月，邓小平在谈到关于农村政策问题时指出："可以肯定，只要生产发展了，农村的社会分工和商品经济发展了，低水平的集体化就会发展到高水平的集体化，集体经济不巩固的也会巩固起来。关键是发展生产力，要在这方面为集体化的进一步发展创造条件"[④]。1990年，邓小平结合中共十一届三中全会以来的农村改革实践，针对农业与农村合作经济组织发展问题，创造性地提出了"两个飞跃"的思想，这一思想强调合作经济组织和制度的变迁需要经过一个过程。邓小平还指出："中国社会主义农业的改革和发展，从长远的观点看，要有两个飞跃。第一个飞跃，是废除人民公社，实行家庭联产

---

① 邓小平文选：第3卷[M].北京：人民出版社，1993:155.

② 十五大以来重要文献选编：上[M].北京：人民出版社，2000:535.

③ 十二大以来重要文献选编：上[M].北京：人民出版社，1986:428.

④ 邓小平文选：第2卷[M].北京：人民出版社，1994:315.

承包为主的责任制。这是一个很大的前进，要长期坚持不变。第二个飞跃，是适应科学种田和生产社会化的需要，发展适度规模经营，发展集体经济。这是又一个很大的前进，当然这是很长的过程。”[①]这一思想代表了我国农业改革和发展的两个阶段，是我国合作经济方式在农业生产力不同发展水平上所发生的变革和采取的两个战略步骤，它指明了中国农村合作经济组织的发展方向。这一思想把合作经济发展的两个阶段统一起来，明确了家庭联产承包责任制是低水平集体化，是第二次飞跃的准备，要长期坚持不变。同时，又指出我国农业的改革方向是发展适度规模经营，发展集体经济，即发展合作经济，这是合作的目标归宿。1992年，邓小平在审阅党的十四大报告稿时，进一步指出农村经济最终还是要实现集体化和集约化。他指出农民现在希望搞联产承包责任制，不想动，但不等于将来永远不能动。科学种田发展了，超过了村的界限，甚至超过区的界限，到那时不搞集体化、集约化就适应不了了。如果老是仅仅靠双手劳动，仅仅是一家一户地耕作，将来也不向集体化发展，农业现代化就不可能实现。就是100年、200年，还是要走集体化、集约化这条路。合作基础上的规模经营和现代化生产是农村经济发展的必然走向。依据生产力发展的实际需要，探索合作经济的多样化组织形式，适时推动合作经济方式变革是贯穿邓小平的合作经济思想的主线，也是马克思主义唯物史观的内在要求。

（三）江泽民的合作经济思想

江泽民继承了邓小平尊重农民私人利益的合作经济思想，提出公有制实现形式多样化、股份合作经济是集体经济的重要组成部分等思想，进一步破除了人们的思想障碍，为中国农村合作经济的发展提供了重要理论依据。

第一，坚持尊重农民利益，把是否有利于增进农民的物质利益作为合作成功与否的标准。江泽民把不断增进人民群众的物质利益，

① 邓小平文选：第3卷[M].北京：人民出版社，1993：355.

改善人民的生活作为农村经济改革的首要目标任务。他在总结我国农村改革的基本经验时指出："必须承认并充分保障农民的自主权，把调动广大农民的积极性作为制定农村政策的首要出发点。"[①]"调动农民的积极性，核心是保障农民的物质利益，尊重农民的民主权利。"[②]"在农村开展任何一项工作、实行任何一项政策，都必须首先考虑，是有利于调动还是会挫伤农民的积极性，是维护还是会损害农民的物质利益和民主权利，是解放和发展还是会阻碍农村生产力。这是我们制定农村政策必须坚持的基本准则，也是检验政策是否正确的根本标准。"[③]这是江泽民农村经济工作思想的核心，也体现了合作经济的本质。他认为合作经济的本质就在于满足主体的利益需求，处处尊重农民的利益，只有这样才能充分调动农民的积极性。为保障农民的利益，江泽民开始把主体利益实现同产权制度改革联系在一起，提出进一步完善统分结合的双层经营体制，要充分尊重农民的生产经营自主权、财产所有权，尊重农民的民主权利，这为合作经济政治制度改革提供了思想基础。

第二，提出农业产业化发展目标，主张发展多种形式的联合与合作。1995年，江泽民针对社会主义市场经济的迫切需要，提出要"鼓励各种形式的合作与联合，发展联结农户与市场的中介组织"[④]。在1998年中共十五届三中全会上，江泽民又进一步指出："适应生产和市场需要，发展跨所有制、跨地区的多种形式的联合和合作"[⑤]。农村改革实质上就是调整束缚生产力发展的生产关系，使生产关系更好地适应生产力的发展要求。江泽民在总结我们党改革开放的历史经验时指出："必须建立和完善适应生产力发展要求的经济制度和经济体制"[⑥]，为了适应生产社会化，促进生产力发展，"公有制实

① 改革开放三十年重要文献选编：下[M].北京：人民出版社，2008：980.

② 改革开放三十年重要文献选编：下[M].北京：人民出版社，2008：980.

③ 江泽民文选：第2卷[M].北京：人民出版社，2006：210.

④ 十四大以来重要文献选编：中[M].北京：人民出版社，1997：1488.

⑤ 改革开放三十年重要文献选编：下[M].北京：人民出版社，2008：984.

⑥ 江泽民文选：第2卷[M].北京：人民出版社，2006：255.

现形式可以而且应当多样化。一切反映社会化生产规律的经营方式和组织形式都可以大胆利用。要努力寻找能够极大促进生产力发展的公有制实现形式”[①]。这为合作经济的组织形式创新提供了重要的理论依据，使我们认识到合作经济组织不仅是在生产资料共同占有基础上的劳动联合，还包括联劳联资的股份合作，通过股份合作制充分发挥社会资本的力量，有利于促进生产力的发展，有利于公有制经济基础的巩固。因此，江泽民强调应“促进农村土地、资金、技术、劳动力等生产要素合理流动和优化组合，发展多种形式的联合与合作”[②]“农民采用多种多样的股份合作制形式兴办经济实体，是改革中的新事物，要积极扶持，正确引导，逐步完善。以农民的劳动联合和农民的资本联合为主的集体经济，更应鼓励发展”[③]。这一论述给予合作社，特别是新兴的股份合作组织以充分的肯定，将股份合作作为集体经济的实现形式，为改变单一的农村公有制经济结构、实行以农村集体合作经济为主体的多种经济成分并存的农村经济结构变革提供了理论依据。股份合作经济有利于造就经济运行主体的利益差别，形成劳动与资本的双重自主性，能够为正处于体制转换进程中的劳动群众提供一种可接受的公有制实现形式。江泽民的合作经济思想表明我国合作经济发展进入一个全新的历史阶段。

（四）胡锦涛的合作经济思想

以胡锦涛为代表的第四代中央领导集体，以科学发展观为指导，针对21世纪以来越来越凸显的“三农”问题，提出适应市场经济发展要求、深化农村合作经营体制改革、促进合作经济组织多元化发展的新思路。

第一，顺应人民美好生活新期待，引导合作经济发展。胡锦涛反复强调，在推进新农村建设中“必须坚持以人为本，着力解决农

① 改革开放三十年重要文献选编：下[M].北京：人民出版社，2008：901.

② 江泽民文选：第2卷[M].北京：人民出版社，2006：214.

③ 改革开放三十年重要文献选编：下[M].北京：人民出版社，2008：984.

民生产生活中最迫切的实际问题，切实让农民得到实惠”[①]。农村市场经济的深化发展，使农民家庭分散经营遇到许多困难，农民通过合作社组织保护自己利益的需求越来越强烈。中共十六届三中全会审议通过的《中共中央关于完善社会主义市场经济体制若干问题的决定》明确提出：“支持农民按照自愿、民主的原则，发展多种形式的农村专业合作组织。”[②]国家提倡通过合作社发展促进农业的产业化、集约化发展，保障农民持续增收。2008年9月，胡锦涛在河南考察时强调：“实践证明，在坚持实行家庭联产承包责任制的前提下，通过组织农民专业合作社发展规模经济，是一条切实可行的路子”[③]。能够给农民群众带来更多实惠，国家“必须适应我国农村经济社会发展的新形势，顺应亿万农民过上美好生活的新期待”[④]，要在尊重农民群众和合作社意愿的前提下，推进农业经营方式转变，积极引导农民专业合作社做大做强，使其成为引领农民参与国内外市场竞争的现代农业经营组织。

第二，以市场化的机制与方式推动农村合作经济组织发展。面对21世纪社会主义市场经济体制的改革深化和城乡一体化加速发展，胡锦涛强调，应通过创造有利的市场制度环境，引导新型合作经济组织的创新发展，“探索集体经济有效实现形式，发展农民专业合作组织，支持农业产业化经营和龙头企业发展”[⑤]。合作经济发展仍然必须坚持自愿、互利的原则，要使合作组织成为新农村建设、农业现代化发展以及农民实现全面小康的组织载体。为此，要在现有土地承包关系保持稳定并长久不变的前提下，进一步完善统分结合双

---

① 十六大以来重要文献选编：下[M].北京：中央文献出版社，2008：141.

② 改革开放三十年重要文献选编：下[M].北京：人民出版社，2008：351.

③ 金秋时节察农情——胡锦涛总书记在河南考察农村改革发展情况纪实[N].经济日报，2008-09-11(1).

④ 金秋时节察农情——胡锦涛总书记在河南考察农村改革发展情况纪实[N].经济日报，2008-09-11(1).

⑤ 胡锦涛.高举中国特色社会主义伟大旗帜，为夺取全面建设小康社会新胜利而奋斗——在中国共产党第十七次全国代表大会上的报告[N].人民日报，2007-10-15(1).

层经营体制，实现家庭经营和统一经营的“两个转变”：“家庭经营要向采用先进科技和生产手段的方向转变，增加技术、资本等生产要素投入，着力提高集约化水平；统一经营要向发展农户联合与合作，形成多元化、多层次、多形式经营服务体系的方向转变，发展集体经济、增强集体组织服务功能”①。只有建立农业合作社，把分散的农户组织起来，才能壮大农村集体经济实力，充分发挥合作经济组织的规模经济效益和服务功能，实现农业产业化、集约化和农业现代化。农业合作组织需要尊重农民意愿和市场机制作用，完善农村各项产权制度，为各要素充分流动、合理配置创造条件。胡锦涛在十八大报告中指出：“坚持和完善农村基本经营制度，依法维护农民土地承包经营权、宅基地使用权、集体收益分配权，壮大集体经济实力，发展农民专业合作和股份合作，培育新型经营主体，发展多种形式规模经营，构建集约化、专业化、组织化、社会化相结合的新型农业经营体系。”②这为农业合作社的崭新发展提供了制度保障，促进了专业合作和股份合作等多类型、多元化的合作社发展。

（五）习近平关于合作经济的重要论述

习近平在全面建成小康社会的决胜阶段，更加重视农业、农民、农村问题。

第一，强调农业现代化。习近平指出，要发展新型农村合作经济，在农业先进生产方式之中投入现代化的生产要素，进而创新农村经营方式。在广大农村发展合作经济，不仅能够使农村生产关系得到改进，还能为农业的发展注入活力与生机，同时也能为合作经济组织的壮大提供契机。各级政府也需要转变其职能，切实发挥保护农业、发展农村的作用。习近平还指出，要注重农业合作社的发展，因为农业合作社是农业发展的方向，在一定程度上有助于加快实现农业现代化，促进农业的进一步发展。这体现了在全面深化改革的阶段，提高农业生产力十分必要，

① 改革开放三十年重要文献选编：下[M].北京：人民出版社，2008：1852.

② 十八大以来重要文献选编：上[M].北京：中央文献出版社，2014：18.

发展新型农民合作经济组织也十分必要。中共十八届三中全会提出："鼓励农村发展合作经济，扶持发展规模化、专业化、现代化经营，允许财政项目资金直接投向符合条件的合作社，允许财政补助形成的资产转交合作社持有和管护，允许合作社开展信用合作。"[①]这更加充分地说明国家对农村合作经济的重视，农村合作经济的发展不仅关乎社会主义新农村的建设，同时关系到小康社会的全面建成。

第二，在关于如何发展合作社这一问题上，创造性地提出打造"三位一体"综合合作。习近平在浙江工作期间，强调要发展农民的横向与纵向联合，并提出要发展农民专业合作、供销合作、信用合作"三位一体"的新型农村合作体系。供销合作社是中国特色合作经济的重要组成部分，习近平就供销合作社综合改革多次作出重要指示，提出要始终奔着为农服务去，始终做到为农、务农、姓农。习近平在小岗村农村综合改革座谈会上将推进供销合作社综合改革作为深化农村改革的六项重点任务之一。实践证明，"'三位一体'综合合作是培育新型农业经营主体、健全农业社会化服务体系、实现小农户和现代农业发展有机衔接的有效途径"[②]。

① 中共中央关于全面深化改革若干重大问题的决定[N].人民日报,2013-11-16(1).

② 王侠.发展"三位一体"综合合作 加快打造为农服务大平台[J].中国合作经济，2017(12):5.

第三章　新中国成立前农村互助合作组织变迁及其绩效评价

新中国成立后农业微观经济组织的变迁实质上源于新中国成立前农村互助合作组织发展的历史实践。正是新中国成立前，特别是中国共产党领导的根据地互助合作组织的发展，为新中国成立后共产党实施的互助合作运动提供了重要的借鉴和参考。回顾新中国成立前互助合作组织变迁的历史过程，可以让我们对新中国成立后农业微观经济组织的历史变迁有更好的理解。

一、新中国成立前土地改革的历史回顾

19世纪末，中国处于半殖民地半封建社会，当时的农村土地制度是封建土地占有制，这种落后的土地制度严重束缚了农业的发展。因此，进行土地改革、废除封建土地制度、实行耕者有其田是新民主主义革命的主要目标和任务。

中国共产党成立后对农民土地问题的认识有一个渐进的过程。建党初期，农民土地问题尚未引起党中央的重视，中共二大召开后，在共产国际的指导下，中国共产党人才开始认识到农民对于中国革命的重要性。依据共产国际的指示，1922年底，中共中央制定了《中国共产党对于目前实际问题之计划》，提出农民是“工人阶级最

有力的友军，为中国共产党所不应忽视的”[1]。为解除农民所受痛苦，中国共产党人提出“限田运动”，并要进行“限制租额运动”，提出每年应缴纳地主之租额应由佃农组织的佃农协会议定[2]。1923年5月，共产国际在《布哈林对共产国际执委会东方部给中国共产党第三次代表大会的指示草案的修正案》中强调了中国农民问题和土地革命的重要意义，指出“在中国……只有把中国人民的基本群众，即占有小块土地的农民吸引到运动中来，中国革命才能取得胜利”，并提出如下土地革命的口号：“没收地主土地，没收寺庙土地并将其无偿分给农民；歉收年不收地租……建立农民自治机构，并由此机构负责分配没收的土地”等[3]。这一指示对中国共产党此后制定更加具体的土地政策具有重要指导意义。

第一次国共合作时期，中国共产党对农民土地问题的解决思路主要是在孙中山“耕者有其田”的制度主张下领导农民开展减租减息运动，同时首次提出“耕地农有”和“土地国有”的制度主张。第二次国内革命战争时期，中国共产党在各根据地实行“没收地主和富农土地，分配上抽多补少，抽肥补瘦”的土地政策。分得土地的农民以极大的热情投入农业生产中，从而支援了革命战争，巩固和扩大了革命根据地。抗日战争时期，为了建立和巩固全国抗日统一战线，中共中央及时调整了土地政策，将“减租减息”作为此时期的土地政策。这一政策的实施，既改善了广大农民的物质生活，进一步提高了农民抗日和生产的积极性，又保证了地主、富农得到一定的利息，有利于团结绝大多数地主、富农共同抗日，从而支持了长期抗战。第三次国内革命战争时期，为了发动农民参加和支援人民解放战争，彻底改造半殖民地半封建的农村经济，中国共产党

① 中央档案馆.中共中央文件选集(第一册)(一九二一—一九二五)[M].北京:中共中央党校出版社,1989:177.

② 中央档案馆.中共中央文件选集(第一册)(一九二一—一九二五)[M].北京:中共中央党校出版社,1989:178.

③ 中共中央党史研究室第一研究部.共产国际、联共(布)与中国革命档案资料丛书(1)[M].北京:北京图书馆出版社,1997:254-255.

决定将土地政策由“减租减息”改为“没收地主土地分配给农民”，以实现“耕者有其田”。1946年5月4日，中共中央发出《关于反奸清算与土地问题的指示》（即《五四指示》），提出没收和分配地主土地的政策，但未提出废除封建土地制度。1947年7月17日至9月13日，中共中央在河北省平山县西柏坡村召开全国土地问题会议，会议在总结《五四指示》经验教训的基础上通过了《中国土地法大纲》。大纲明确提出：“废除封建性及半封建性剥削的土地制度，实行耕者有其田的土地制度”，“废除一切地主的土地所有权”。该大纲的颁布实施，进一步明确了土地改革的路线、方针和政策，推动了土地改革运动的迅速开展。据统计，到1949年新中国成立前，中国共产党已经在约1.19亿人口的地区完成了土地改革，彻底解决了土地问题①。

二、新中国成立前农村互助合作组织的发展历程

（一）民国时期的农村互助合作组织发展

1915年新文化运动开始，形形色色的合作思想在中国大地广泛流传开来。北京大学的胡钧教授在1918年创办了中国近代最早的合作社——北京大学消费合作社。北京大学消费合作社坚持“社员公开、自愿入股、民主管理、盈余返还”的基本原则，与世界近代合作社的原则基本符合，被认为是中国近代合作社的先锋。合作社的发展受到了当时国民政府的重视。1920年，孙中山在其《地方自治开始实行法》中，曾提到农业、工业合作事业。后又在其《民生主义》一书第一讲中提出，主张以合作解决民生问题。当时的“农村合作社”主要包括两种形式：一种是信用合作社，另一种是运销合作社，当然也有少量的生产合作社和消费合作社。

---

① 吴承明，董志凯．中华人民共和国经济史：第1卷（1949—1952）[M]．北京：中国财政经济出版社，2001：216.

中国近代创办合作事业、宣传合作理论的先驱是薛仙舟，他被誉为“中国合作运动之父”，是中国合作运动的创始人。早年他曾留学美国、德国，回国后在复旦大学任教，致力于合作思想传播、合作人才培养、合作事业启动，并接受国民政府陈果夫的委托起草《中国合作化方案》。1919年，薛仙舟将“cooperative”译为“合作社”，因接近于中国民间传统的金融组织“合会”而被看作标准译名[①]。他在复旦大学创办了“上海国民合作储蓄银行”。在他的影响下，1920年5月1日，复旦大学20多名学生组织了《平民》周刊社，专门进行合作理论的宣传，次年12月改名为“平民学社”，很快成为中国致力于发展合作事业的知识分子的领导中心。平民学社与国民党领袖建立起了密切的关系，这对国民党采用合作主义的建国计划起了重要作用。此外，平民学社与毛泽东等一些共产党领袖也有过互动[②]。1924年7月，随着革命形势的变化，在军阀统治的重压之下，平民学社正式解散。随即，国民党人、共产党人和《平民》周刊社的学生们在上海召开会议，筹建中国合作运动协会、创立中国合作人士的大联合。中国共产党人毛泽东、国民党人陈果夫和叶楚伧、平民学社的许绍棣和张廷灏5人为筹备委员会委员。国民党人戴季陶、汪精卫、胡汉民、邵力子，平民学社的毛飞、王世颖和社会上传播合作思想的著名社会人士马君武、汤苍园等几十人参加会议。不久，中国合作运动协会成立，但全国性的合作事业并没有在随后的国民革命中发展起来[③]。

在中国早期的合作运动中，华洋义赈会指导创办的一系列合作社可以看作中国最早在农村通过发动农民所组建的合作社。1923年华洋义赈会制定《农村信用合作社章程》，同年6月在河北省创办中国第一个农村合作信用社。到1927年5月，仅河北一省就有合作社561个，到1937年，华洋义赈会及各地分会在全国6个省191个县共

---

① 陈意新.二十世纪早期西方合作主义在中国的传播和影响[J].历史研究,2001(6):92.

② 陈意新.二十世纪早期西方合作主义在中国的传播和影响[J].历史研究,2001(6):93.

③ 陈意新.二十世纪早期西方合作主义在中国的传播和影响[J].历史研究,2001(6):100.

建立合作社12560个，互助社3566个[①]。华洋义赈会所创办的合作社对在中国农村移植和推广合作社组织发挥了重要作用。华洋义赈会指导成立的合作社帮助培养了合作社方面的专业人才，提高了农民对合作社的认识，提升了社员素质，为以后官方和民间成立合作社提供了章程样本和构建模式。中国乡村建设运动积极倡导者之一的晏阳初曾指出："于是合作社的方法就介绍入乡村。这方面的工作，要算华洋义赈会提倡最力。"[②]

（二）国民党统治区的农村互助合作组织发展

1927年南京国民政府成立，合作社组织的创办工作在较大规模和范围内得以开展，国民党政府把农村合作运动当作政治斗争和军事斗争的一种手段和方式。1928年10月，国民党中央第179次常务会议通过《下级党部工作纲领》，将合作运动规定为下级党部的日常工作内容之一。1929年3月，国民党明确了开展合作运动是发展农村经济的重要组成部分。1930年3月，国民党三届三中全会通过《训政时期党务工作方案》，规定提倡合作运动亦为党员的直接工作。这些议案纲领在一定程度上推动和促进了当时农村合作运动的开展，为旧中国农村合作运动的发展提供了理论和政策基础。1931年，国民政府颁布了《农村合作事业暂行规程》，1934年又颁布了《中华民国合作法》，从法律上对刚刚兴起的合作运动进行引导和保护。1935年，国民政府在国民事业部设立合作司，并开始推动高校对合作人才的培育。20世纪30年代，梁漱溟、晏阳初等人尝试在乡村建设运动中推进合作互助运动，组建并发展了一批合作社，此举推动了中国合作事业的发展。梁漱溟在《乡村建设理论》中指出乡村建设的首要任务是农村经济建设，而发展农村经济和农业生产的两条途径——技术改进和经济改进，都有赖于"各项合作"开展。到1936年止，全国农业合作社已经达到37318个。其普及地域也较广，根据

① 杜吟棠.合作社:农业中的现代企业制度[M].南昌:江西人民出版社,2002:281.

② 马秋帆,熊明安.晏阳初教育论著选[M].北京:人民教育出版社,1993:194.

1934年6月底统计，除西藏、新疆、内蒙古等地及东北三省外，其他地区基本上组建了合作社。此外，合作社种类有所扩大，除信用合作社外，尚有生产、消费、利用等合作社组织形式[①]。1937年全面抗日战争爆发，合作社组织成为这一时期国统区政权摆脱战时经济危机、稳定战时经济的重要支柱。为此，国民党政府于1940年8月颁布《县各级合作社组织大纲》，将农村合作社组织的建设与推行保甲制度为基础的"新县制"的设立强制结合，中国农村出现了一种新型的合作社，即乡镇保合作社及其联合社。国统区合作社组织从1942年开始，以每年2万个左右的速度递增。1945年抗日战争结束后，国民党政府为发动内战而将全国划分为若干绥靖区，区中心设绥靖公署，以控制区内的政治、军事、经济和社会活动。1946年11月，国民党政府颁布《绥靖区合作事业实施办法》，在绥靖区发展合作社，以配合军事上对解放区的进攻。显然，此时的合作社组织完全是为军事和政治目的服务的，对国统区农业经济的发展作用甚微。

（三）革命根据地的农村互助合作组织发展

由于中国共产党建立的革命根据地基本处于较为偏远、自然条件较为恶劣的地区，加上当时中国劳动力不足、生产工具落后以及生产资金匮乏，这些因素成为根据地农业生产发展的根本性制约因素。在落后的生产力条件下，解决农业生产困难的途径就是开展农民之间的互助合作。

1.苏区时期的农村互助合作组织

19世纪30年代，在苏区的革命根据地，为解决农村劳动力和耕畜农具不足的问题，中国共产党领导农民创造了各种形式的合作社与劳动互助组织。1930年闽西革命根据地的才溪区成立耕田队，1931年在耕田队的基础上又成立劳动合作社，合作社负责全乡劳动力的调配工作，群众之间进行劳动互助。此时的合作社规定：群众之间的互助，每天工钱两毛，男女同酬，忙时平时一样。群众帮助

① 朱英，石柏林.近代中国经济政策演变史稿[M].武汉：湖北人民出版社，1998：426.

红军家属，自带伙食、农具，不要工钱；红军家属帮助红军家属，每天一角半；红军家属帮助群众，每天两角。这种建立在当时国情基础上的互助合作组织有效促进了当地农业生产的恢复和发展。这一时期的合作社基本属于劳动互助性合作社。1933年，《劳动互助社组织纲要》《关于组织犁牛站的办法》《关于组织犁牛合作社的训令》相继出台，从政策上给予了合作社支持，并引导农村合作社健康发展。中央根据地互助合作组织发展较快的时期是1933—1934年，虽然这个时期互助合作的主要形式仍然是劳动互助社和犁牛合作社，但由于数量逐渐增多，效果也更加明显。以当时中央根据地的兴国县为例，1934年2月，兴国县的劳动互助社有318个，拥有社员15615人；犁牛合作社有66个，股金1466元，耕牛102头。到1934年4月，兴国县的劳动互助社有1206个，拥有社员22118人；犁牛合作社有72个，社员5552人，股金5168元，耕牛121头[①]。1933年8月到1934年2月，仅半年的时间，苏区各类合作社由800多个发展到2140多个，社员由18万人发展到近54万人[②]。苏区农业生产中出现的耕田队、劳动互助社、犁牛合作社等互助合作组织，虽然都是建立在生产资料私有制基础上的，但由于实行了劳动互助或某些生产资料的公有，劳动合作和公有制开始萌芽，这为后来中国农村经济发展指明了方向。

2. 抗战时期的农村互助合作组织

1938年，根据土地革命时期的合作运动经验，平山县农会创办了第一个农民合作社，它在平抑物价、供给群众方面发挥了积极作用。1936年，陕甘宁边区政府领导成立了合作社指导委员会和合作总社，并颁发和实施了《各抗日根据地合作社暂行条例示范（草案）》，促进了抗日革命根据地合作社的发展和完善。当时抗日革命

① 史敬棠，张凛，周清和，等．中国农业合作化运动史料：上［M］．北京：生活·读书·新知三联书店，1957：143.

② 李继志．新型农民专业合作社：参与主体行为、组织制度与组织绩效［D］．长沙：湖南农业大学，2004.

根据地的合作社主要有四种类型：集体互助的农业生产合作社，如变工队、扎工队等；手工业生产合作社；运输合作社；综合性合作社。当时著名的综合性合作社——延安南区合作社，其业务范围包括了生产、消费、运输、信用等。根据统计，1943年陕甘宁边区在春耕期间有10%—15%的劳动力，在夏耘期间有40%左右的劳动力，在秋收期间有30%左右的劳动力参加了各种劳动互助组织，互助组织的数量至少比过去增加了4—5倍[①]。在晋察冀边区，根据26个县的统计，1944年组织起来的互助合作组织有38500多个，参加人数为23万多人，占总人口数的8%左右，占劳动力总数的28%左右[②]。其他抗日根据地互助合作组织也得到一定的发展。到了1945年，晋察冀边区发展了7410个合作社，社员112万人，股金也达到了1.3亿元[③]。据不完全统计，1944年至1945年间，解放区各地组织起来的劳动力，平均约占全体劳动力的20%左右[④]。在当时抗日战争的大背景下，反抗外族侵略成为全国人民的头等大事，抗日革命根据地的合作社组织在改善当地民众经济生活、参与抗日运动、维护民族大义等方面发挥了重要作用。此时的合作社仍然是建立在生产资料私有制基础上的集体劳动组织，但其经营的业务和领域不断扩大，不只局限于劳动合作，而是逐渐演变成为综合性合作社。

3.解放战争时期的农村互助合作组织

随着抗日战争的结束，广大农民摆脱了封建奴役，获得了土地、生产工具等生产资料，也获得了房屋等生活资料，生产积极性空前高涨。但是，广大农村仍然以小农经济为主，生产资料和生活资料仍属于私有，农业生产仍难以实现劳动力、土地、生产工具等生产

① 史敬棠，张凛，周清和，等．中国农业合作化运动史料：上[M].北京：生活·读书·新知三联书店，1957：216.

② 史敬棠，张凛，周清和，等．中国农业合作化运动史料：上[M].北京：生活·读书·新知三联书店，1957：310-311.

③ 贾玮．当代中国农村合作经济组织变迁研究[D].咸阳：西北农林科技大学，2008.

④ 邢乐勤．新民主主义革命时期中共农业互助合作运动的实践与理论[J].浙江工业大学学报，2002(6)：108-114.

要素的优化配置，这制约了当时农村社会生产力的发展，阻碍了农村劳动生产率的进一步提高。随着解放战争的深入，解放区的农业劳力大量减少，农村社会生产力的发展受到了很大影响。根据这一情况，中共中央调整了原有的劳动互助组织，这一调整坚持自愿、等价的原则，采取组织起来、典型示范的方法，促进了农村合作组织的发展和完善。当时的互助合作组织仍然是建立在私人占有基础上的集体合作组织，采取的组织形式基本是临时互助和长年互助的合作形式。为了鼓励和促进农业生产，《解放日报》以及各解放区的机关报相继发表"社论"或"指示"，对农业生产和互助合作运动提供指导。在这种背景下，解放战争时期的互助合作组织不仅数量上有很大增长，而且在有些地区还出现了较为高级的农业合作社组织，其主要做法是将参加互助合作组织的各农户的基本生产手段（土地、耕牛、农具等）以小组为单位集中组织起来，进行长期的合作生产，分配上实行分红制。具体做法是把土地、劳力（耕牛按劳力折合计算）作股，按股分红；或土地、劳力均不作股，而是在劳力评定标准以后，实行按时计工，按工分红。这些做法显然对解放后农业互助合作组织的建立与经营有直接的影响。1946年，晋冀鲁豫的太行区18个县组织起来的劳动力已占全区劳动力的78%[①]。1949年，晋察冀边区农村经济合作组织已达7.5万个[②]。到1947年下半年，东北解放区的农村经济合作组织已在黑龙江、吉林、辽北等地区普及。到1949年新中国成立前夕，全国合作社已有17万个，社员2456万人[③]。

① 徐畅.1927—1949年国共两党农村合作比较研究[J].社会科学辑刊,2004(6):108-115.

② 邢乐勤.新民主主义革命时期中共农业互助合作运动的实践与理论[J].浙江工业大学学报,2002(6):108-114.

③ 牛若峰,夏英.农村合作经济组织发展概论[M].北京:中国农业科技出版社,2000:92.

三、新中国成立前农村互助合作组织变迁的绩效分析

（一）民国时期农村互助合作组织变迁的绩效分析

民国时期的农村互助合作组织主要有信用、生产、消费、利用、购买、运销、保险、储藏等形式，此时的合作化运动在历史上发挥过一定作用，特别是在早期推行合作社时期，一些积极倡导合作事业的专家学者，都把发展合作经济看作振兴民族经济的良方。国民政府也推行合作运动，把发展合作事业作为实现孙中山“民生主义”和复兴农村的重要途径，国民党甚至还把合作运动列为下层党部工作七项运动之一。因为合作运动在当时是一种强制性的制度安排，所以农民的呼声很微弱，特别是在当时民间组织鲜有创新的情况下。国民政府早期颁发的合作社章程条例，都明确规定了办合作社的原则和宗旨。所以，当时办的合作社在一定程度上都代表了社员群众的利益，办了一些有利于人民群众的事。例如：城市消费合作社，社员可以凭证到合作社买到低于市价的生活必需品；在农村办的信用、运销、储藏等合作社，为社员减少了高利贷盘剥，运销了农副产品，供应了部分农用物资和生活必需品等。

（二）国民党统治区农村互助合作组织变迁的绩效分析

南京国民政府统治时期所建立的合作社组织，对当时国统区农村基层政权的稳定和农业生产的发展起到一定积极作用，并解决了部分农民资金短缺、运销等方面的问题，有利于培养他们的互助精神，增进他们的合作意识。但是国民党政府自上而下推行的合作运动与西方国家的合作运动完全不同，西方国家的合作运动一般是依靠农民或者基层力量自发组织和发展起来的，而国民党政府开展的合作运动则主要表现为地主买办阶级强迫劳动人民加入合作组织，并不是劳动人民的自愿行为，当时，地主、豪绅、商人等地方强权

势力阶层把控着合作社的创办与经营大权。他们推动合作运动发展是为了巩固统治，忽视了农民的利益。当时的合作运动具备多重目标和政治性，没有从根本上解决农民的地位问题，难以带动大多数农民摆脱贫困，也没有改变农村封建的生产关系，上述国民党政府在开展合作运动中存在的问题导致国统区合作运动难以得到农民群众的支持，也因此缺乏可持续发展的前提和基础，所以是难以成功的。上述国民党政府在开展合作运动中存在的问题也是新中国成立后党和政府在开展互助合作运动时应予以考虑的问题，还是未来中国发展农村合作经济组织应当重视的问题。

（三）革命根据地农村互助合作组织变迁的绩效分析

革命根据地互助合作组织的发展，在各地是极不平衡的。中央革命根据地和一些革命政权势力相对较大的地区互助合作组织发展更快一些，绩效也更为明显，而在其他一些政权相对弱的根据地，农村互助合作组织没有得到很好的发展。即便如此，互助合作组织的兴起与发展对革命根据地的巩固与建设、稳定与发展仍然发挥了重要作用。

由于新中国成立前农业科技水平落后，生产力发展水平低，再加上国民党反动派对革命根据地的“围剿”，以及日本帝国主义的武装侵略，革命根据地缺乏给养，在当时的情况下，农业生产就成为红色政权最重要的、几乎是唯一的物资供给来源。在这一背景下，根据地政权不得不关注和加强农业生产，互助合作组织就成为根据地政权发展农业生产、提高农业效率的重要手段。历史事实证明，这一时期的互助合作运动在一定程度上解决了当时农业生产劳动力和生产资料短缺的状况，提高了农业生产效率，也在很大程度上保障了根据地政权的物资供给。同时，根据地政权也积极鼓励和支持互助合作运动的发展，这既体现着其对农民利益的保护与军民团结的合作关系，也有利于建立广大农民与政权之间的联盟，极大地夯实了政权的群众基础。不仅如此，互助合作运动中所坚持的合作经济组织应有的自愿、互利与等价交换原则，既将其与国统区合作社组织相区别，也为新中国成立后的共和国政权再度开展农业合作化事业提供了最重要的制度资源①。根据地的互助合作组织一般都是从实际出发，因时制宜、因地制宜发展起来的，有灵活多样的合作经营方式。但此时的互助合作组织也存在规模小、组织结构松散等缺陷，这就不可避免地会影响到根据地互助合作经济组织效率的提高，因此它所起的作用也就比较有限。由于当时特殊的社会、经济环境，革命根据地的互助合作组织在发展之初就不是单纯的经济组织或社会组织，其具有经济、社会、政治等多重目标。

① 梅德平. 中国农村微观经济组织变迁研究（1949—1985）：以湖北省为中心的个案分析[M]. 北京：中国社会科学出版社，2004：58.

第四章　新中国成立后农业微观经济组织变迁及其绩效评价

新中国成立以来，农业微观经济组织大致经历了自耕农—互助组—初级社—高级社—人民公社—家庭联产承包责任制下的农户家庭组织的历史变迁。

一、新中国成立初期的农业微观经济组织

在新中国成立前夕召开的第一届中国人民政治协商会议上，通过了《中国人民政治协商会议共同纲领》（以下简称《共同纲领》）。《共同纲领》明确提出"有步骤地将封建半封建的土地所有制改变为农民的土地所有制"，"实现耕者有其田"。1950年6月30日，我国正式颁布了《中华人民共和国土地改革法》，随后在全国范围内开展了大规模的土地改革。截至1952年底，全国大部分地区基本完成了土地改革的任务，广大农民分到了土地，拥有了土地的所有权、收益权、处置权。这一时期，农民以家庭为生产单位，生产规模小，分工简单，男耕女织，具有较多自由，劳动时间可以按家庭经济单位的需要灵活安排，有利于农副结合。农民在生产上有较高积极性，对改良土壤、兴修水利、采用良种、深耕细作等和开展多种经营有浓厚兴趣。中国土地改革以后的自耕农，之所以能够表现出巨大的生产积极性，就是因为经过了土地制度改革，废除了封建剥削制度，

实现了劳动者与生产资料的直接结合，农民成了生产资料的主人。这场以农民土地私有为核心的土地改革，实际上是我国地权关系的重大调整，是新中国成立以后中国土地制度的第一次重大创新。新的地权合约解决了农民的土地所有制问题，从而使广大农民释放出一种前所未有的生产潜力，也使农业生产力得到了一定程度的提高。

但是，自耕农毕竟是一家一户的个体小生产，是建立在自给自足的自然经济基础上的，是落后生产力的集中体现。大部分自耕农拥有的生产资料都很有限，生产工具落后，资金匮乏，经济地位极不稳定，生产规模小，经不起"风吹浪打"，稍遇天灾人祸，就有破产的可能。这种分散的小农经济使农民在自然灾害面前显得十分脆弱，因而有些地方出现了土地买卖、雇工剥削、贫富分化的现象。随着国民经济的恢复和国家大规模工业化建设的展开，社会主义工业化与个体农业经济之间的矛盾越来越突出。一方面，实现工业化要求提供越来越多的商品粮食和工业原料，而且为了完成国家工业化和农业技术改造所需要的大量资金，其中有相当大的部分是要从农业方面积累起来的，同时工业品市场的形成又有赖于农业内部积累的增加；另一方面，虽然在土地改革和国民经济恢复以后，农民的生产热情空前高涨，农业生产开始回升，但农业滞后的局面并没有从根本上改观。这些情况的出现使国家有了要把农民组织起来的客观要求。因此，国家从1952年开始对农业实行社会主义改造，通过实行自愿互利的原则，把分散的自耕农组织起来，通过互助合作的道路，发展社会化大生产。

二、计划经济时期的农业微观经济组织

（一）农业生产互助组

20世纪50年代伊始，在个体农户自发互助合作的形势下，政府不失时机地推动农业合作化运动。1951—1952年，农业合作社运动

以农业生产互助组为主要形式。这一时期农民为了解决劳力、耕畜、农具缺乏等困难，在生产资料完全私有的基础上，根据生产经营的需要，按照自愿互利的原则组织起来形成一种松散型的劳动互助合作组织。

农业生产互助组在土地改革以后得到广泛发展。农户之间进行劳动互助与生产协作，他们联合起来在农忙时形成临时互助组或形成常年互助组。临时互助组一般以“以工换工”或“以牛换工”等形式在主要农事上进行互助，即在忙时互助，闲时解散，一般由4—10户组成，活动范围较小，它与自耕农相比在农业生产技术和生产资料所有制上没有任何变化。而常年互助组组织形式更为稳定，是较高级的一种形式，组员较多，互助范围进一步扩大，或多或少有了公共财产，大家合伙买牲畜、农具，集体开荒造林、兴修水利、改良土壤等，并改进农业技术，集体劳动成为常态。据统计，截至1952年，参加农业生产互助组的农户占全国农户总数的39.9%，到1954年增加至58.3%[①]。

无论是临时互助组还是常年互助组，它们与自耕农相比，在生产方式上都有很大进步。主要体现在以下几个方面：首先，个体劳动转变成集体劳动，可以产生规模效应；其次，畜力、农具等可以在互助组内部调剂使用，克服了一家一户生产资料短缺的限制。互助组虽然不是真正意义上的集体经济，但是在依靠集体力量与自然灾害作斗争，提高农业劳动生产率和农产品产量等方面还是发挥了积极作用。

但从本质上讲，互助组仍然属于个体经济，它没有改变农民的生产资料私有制，特别是土地私有制，仍存在集体劳动与生产资料私有制之间的矛盾，如在互助组内各家土地的耕种怎么排序、劳动量怎么计算、劳动质量怎么评价等。生产资料私有使得集体劳动的效能无法充分发挥，集体劳动的规模无法进一步扩大，从而使因集体劳动提高效率而节省下来的劳动力不能得到合理的使用。互助组

① 张义.我国农业微观经济组织变迁对农业技术进步的影响[D].北京：中国农业大学，2004.

在提高农业生产水平和阻止农民两极分化方面有其局限性。

（二）初级农业生产合作社

初级农业生产合作社是在互助组的基础上，由个体农民自愿组织起来的半社会主义性质的集体经济组织，一般由10—20户农户组成，少数由20—30户农户组成，实行土地入股和统一经营。它的特点是在生产资料私有的条件下，农民把土地和其他生产资料交给合作社统一使用，从而把个体农民的分散经营转变为集体经营。社员参加集体劳动，劳动产品在扣除农业税、生产费、公积金、公益金和管理费用之后，按照社员的劳动数量和质量及入社的土地等生产资料的多少进行分配。

初级农业生产合作社同农业生产互助组相比，在生产关系和经营方式上已经发生了某些质的变化。虽然初级农业生产合作社没有否定生产资料私有制，农民仍保留生产资料私有权，但是生产资料已经不是分散地由其所有者个人使用，而是交由合作社统一使用，即实现了生产资料所有权和使用权的分离。其经营模式由家庭分散经营转变为集体经营，分配方式包括按劳分配和按投入土地的数量分配。从互助组到初级社的过渡，基本上是由政府发起的带有某种强制性的组织制度变迁，但在变迁过程中仍遵循了自愿和互利原则，即参加初级社的农户有退社和入社的自由。

初级农业生产合作社与农业生产互助组相比所具有的优势，体现了生产方式上的一大进步。它在一定程度上克服了农业生产互助组所存在的集体劳动与生产资料私有制之间的矛盾，能够进一步发挥集体劳动的分工与协作等方面的优点。但是初级农业生产合作社毕竟没有取消生产资料私有制。“一方面，生产资料的私有制妨碍了合作社对它的统一经营和使用；另一方面，劳动力和生产资料的统一经营和使用影响了农民的积极性。”①因而也就不可避免地存在着统一经营、集体劳动同生产资料私有制之间的矛盾。

① 陆学艺，王春光，张其仔. 中国农村现代化道路研究［M］. 南宁：广西人民出版社，1998：69.

（三）高级农业生产合作社

互助组和初级社取得的经济效益大大鼓舞了党的领导人，他们进一步加快了农业合作化的步伐，高级农业生产合作社在政府的强制推动下得到突飞猛进的发展。高级农业生产合作社是以主要生产资料集体所有制为基础的农民合作经济组织，简称“高级社”。高级农业生产合作社内部建立适应生产需要的劳动组织，其基本单位是生产队，生产队一般由30—40个劳力组成。高级农业生产合作社通常把劳动力、土地、耕畜、农具固定给生产队使用，有的还对生产队实行包工、包产和超产奖励的责任制度，有的还把包投资（“包财务”或“包成本”）作为生产责任制的重要内容之一。高级农业生产合作社时期实行的包工、包产、包成本和超产奖励制度，与劳动力、土地、耕畜、农具固定给生产队使用的制度，统称为“三包一奖四固定”制度。

高级农业生产合作社的主要特征是：土地等生产资料无偿转为集体所有，由集体管理、集体使用；收益实行按劳分配，土地等生产资料不再参与分配。与初级农业生产合作社相比，高级农业生产合作社的公有化程度更高、组织规模更大。在高级农业生产合作社里土地等生产资料的权属已经发生了根本性的改变，农民个人对土地等生产资料的所有权、经营权、使用权、排他性的收益权一律被强制取消。至于处置权，名义上农民有退社的自由，但实际情况是，在强大的行政力量推动下，农民没有其他选择的空间。农民在丧失了这些权利的同时，也丧失了生产积极性。1956年6月，第一届全国人民代表大会第三次会议通过了《高级农业生产合作社示范章程》，开始在全国开展升社并社工作。到1956年底，全国96.3%的农户参加了农业生产合作社，其中参加高级社的占87.8%[1]。在国家号召下，

① 国家统计局农业统计司.中国农业的光辉成就统计资料(1949—1984)[M].北京:中国统计出版社,1984:5.

农业生产合作组织得到了空前发展，其发展情况如表4-1[①]所示。原来计划用10—15年完成的农业合作化任务，仅用5年的时间就完成了。

表4-1　计划经济体制下农业微观经济组织发展情况

年份	数量/万个			参与农户/万户		
	互助组	初级社	高级社	互助组	初级社	高级社
1950	272.4			1 131.4		
1951	467.5			2 100		
1952	802.6	0.36		4 536	5.7	
1953	745	1.5		4 563	27.3	
1954	993.1	11.4	0.02	6 847.8	228.5	1.2
1955		190	13.8		7 000	400
1956		21.5	54.4		1 040.1	10 740.2
1957		3.6	75.3		160.2	11 945

（四）人民公社

人民公社化运动是中国共产党在20世纪50年代后期在全面开展社会主义建设的过程中，为探索中国社会主义建设道路所作的一项重大决策。

1957年冬和1958年春，在国民经济“大跃进”思想的指引下，全国农村大搞农田基本建设，一些地方的农业生产合作社在修水库、造林、抗旱中大力协作。1958年3月，中共中央政治局成都会议通过了《中共中央关于把小型的农业合作社适当地合并为大社的意见》（以下简称《意见》）。《意见》指出：“为了适应农业生产和文化革命的需要，在有条件的地方，在有条件的地方，把小型的农业合作社有计划地适当地合并为大型的合作社是必要的。”会后，河南省遂平等县和信阳专区出现了小社并大社的热潮，有的地方办起了人民公社。1958年8月29日，在北戴河举行的中共中央政治局扩大会议

① 王贵宸.中国农村合作经济史[M].太原：山西经济出版社，2006：317.

上通过《中共中央关于在农村建立人民公社问题的决议》。会后，全国开始了人民公社化运动。到年底，全国74万多个农业生产合作社改组成2.6万多个人民公社，参加人民公社的农户有1.2亿户，占全国总农户的99%以上，全国农村基本实现了人民公社化①。

人民公社的基本特征是"一大二公""政社合一"。"一大二公"即组织规模大，基本上是一乡一社；公有化程度高，虽然基本上是集体所有制，但是具有若干全民所有制因素。"政社合一"即农村的行政组织和经济组织合二为一，以党和行政组织的职能代替经济组织的职能；各级管理者由行政任命，以行政命令代替经济规律。人民公社在形式上追求"一大二公"；在管理体制上实行"政社合一"；在所有制形式上生产资料归集体所有；在分配制度上实行平均主义和"大锅饭"；在生产经营上，全面统一计划指标，农产品实行"统购统销"；在劳动方式上实行"劳动军事化"管理。当时的人民公社制度不仅赋予公社以直接支配集体经济组织的生产、交换和分配的权利，而且赋予其基层政权组织的职能。农村基层经济组织和农民的自主权在很大程度上被剥夺了，这极大地挫伤了农民的生产积极性。尽管这个时期的人民公社在巩固政权、集中资金建设基础工业、开展农田基本建设、保证城市供给等方面发挥了极为重要的作用，但是无论从所有制形式，还是从决策、分配和对外经济联系方式来看，这种集体经济已经不是真正意义上的合作经济。这种"政社合一"的组织形式，除了具有经济组织功能外，还具有浓厚的政治色彩。人民公社是中央政府对农村实施有效监督与控制的基层政权组织，它所具有的这种非经济性质或功能，影响了它作为经济组织功能的发挥，也必然会影响它作为一个经济组织的效率。

从1958年12月10日中共八届六中全会通过的《关于人民公社若干问题的决议》中可以看出，党和政府最初设立人民公社的初衷是为中国人民指出农村如何逐步实现工业化的道路，集体所有制如何逐步过渡到全民所有制的道路，社会主义的按劳分配如何逐步过渡

① 农业集体化重要文件汇编：下[M].北京：中共中央党校出版社，1981：241.

到共产主义的按需分配的道路，以及国家对内职能如何逐步缩小以至消失的道路。

但是我们现在回过头来看，当时中国的生产力还极其低下，全国绝大多数地方还处在自然经济或半自然经济状态，专业化、社会化程度都很低。在这种情况下，人民公社的建立虽然在一定程度上适应了一些地方农业生产和“文化革命”的需要，但想通过人民公社让集体所有制向全民所有制过渡，是违背了生产关系要与生产力相适应的规律的。

三、改革开放初期的农业微观经济组织

由于人民公社在一定程度上违背了合作经济的基本原则和制度规定，造成农业生产效率低下，但这也促使着中国农业生产者积极地探索符合自身利益最大化的合作经济新形式。在合作化中后期，人民公社在一定程度上难以解决“三农”问题，农民为了发展农业生产，对包产到户进行了一次次尝试，家庭联产承包责任制得以产生。

家庭联产承包责任制是在坚持土地集体所有制的前提下，将土地的所有权与使用权分离开来，土地所有权仍然属于农村集体经济组织所有，而土地使用权则根据人口或劳动力的多少划分给农户承包经营。承包户根据承包合同规定的权限，独立作出经营决策，并在完成国家和集体任务的前提下分享经营成果，收益的分配方式是“交够国家的，留足集体的，剩下全是自己的”。人民公社时期，农村社员的主要收益，甚至是唯一的收益来源于社队集体经济。实行家庭联产承包责任制后，农民的收益来源呈多元化，主要有家庭经营性收入、工资性收入、财产和转移性收入。

家庭联产承包责任制在一定程度上改变了束缚生产力发展的旧体制，做到了农业合作的优越性与农民劳动的积极性相结合，是新中国成立以来中国土地制度的第二次重大创新。第一，家庭联产承

包责任制是符合当时中国国情的农业合作经济。如果说农业合作化的完成使个体经济变为集体经济，建立了以公有制为基础的社会主义生产关系，那么，家庭联产承包责任制的出现，解决了中国社会主义集体所有制农业合作经济的具体实现形式问题。家庭联产承包责任制是劳动方式的改变，其将过去的集体劳动改为农户分散劳动，在特定的历史条件下适合农村以手工劳动为主的生产水平，适合农业生产劳动的特点。此外，由于实行分户劳动，农民有了相应的生产经营自主权和部分个人所有的生产资料所有权，促进了劳动者和生产资料的直接结合。农业生产中的责、权、利相统一，形成了土地集体所有、分户经营管理。第二，家庭联产承包责任制是联结农业中集体经济与家庭自营经济的纽带。长期以来，在集体经济中，如何联结集体经济与家庭自营经济一直是农业生产中的关键问题。家庭联产承包责任制通过“包”字，把集体经济的统一性与家庭自营经济的自主性联结起来，使二者融为一体，互相结合，互相补充，给农村经济带来新的生机。第三，家庭联产承包责任制是使集体所有的土地与农民所有的劳动力相结合的最好形式。在土地等生产资料归集体所有的情况下，农民自身在集体经济中存在两方面的经济利益：作为土地等生产资料的共同所有者，有着集体的利益；作为劳动力拥有者的个体，又有个人的特殊利益。家庭联产承包责任制的重要历史意义就在于，它表明中国农民找到了当时劳动者与生产资料结合的有效形式，实现了劳动者与生产资料直接的内在结合。

在改革开放初期，农村家庭联产承包责任制这种统分结合的合作方式极大地推动了农业生产的发展和农民收入的增长。根据林毅夫测算，农村各项改革对1978—1984年农村产出增长的贡献率总和为48.64%，其中，承包经营制的贡献率为46.89%[①]。1978—1985年农村居民家庭平均每人年总收入和纯收入分别提高260%和197%[②]。与此同时，农村贫困人口不断减少，1978年中国农村贫困人口是25000

① 林毅夫.制度、技术与中国农业发展[M].上海:上海三联书店,上海人民出版社,1994:95.

② 吴敬琏.当代中国经济改革[M].上海:上海远东出版社,2004:103.

万，到1985年贫困人口总数减少50%，为12500万①。

但是，家庭联产承包责任制毕竟是中国特定社会经济条件下的历史选择，随着社会主义市场经济体制的建立和完善，随着农村生产力水平的提高，家庭联产承包责任制的局限性逐步显现出来。

第一，家庭联产承包责任制下的土地是按人口平均分配的，分配过程中各种质量的土地均匀搭配。在这种制度下，“人人分地，户户种田”，如此细小分散的农田结构，给耕作经营带来一些不便，如农民无法进行大规模的投入，农业技术进步的成果无法体现出来。而且由于每户的农田分散，这给日常的经营管理造成很多麻烦，浪费了很多人力。这些因素导致农业的规模经济效益难以显现出来。

第二，在农民获得经营自主权和对土地进行平均承包的基础上，农业生产得到发展，农村产业结构逐步调整，生产门路开始拓宽，出现一些专业户。第三产业的专业户以及养殖专业户对土地的依赖程度降低，他们开始将土地转包，而第一产业的粮食专业户又不满足于原有的种植规模，需要扩大土地承包面积，一家一户的分散经营与农业专业化生产发生矛盾。

第三，实行家庭联产承包责任制，对农村中诸如农田水利基础设施建设、道路建设等公共产品的建设产生了一些负面影响。以水渠为例，水渠的产权归集体所有，具体表现为水渠的产权归能够从该水渠中得到灌溉利益的农户共同所有，使用权主体不具体，因此，处于上游田块的一些农户可能为了自身的利益最大化，破坏水渠的规划设计，私自破渠灌溉，从而造成农村公共产品的破坏。此外，农村需要修建的公共基础设施，因土地占用的问题难以解决或解决的成本过高而无法实施。这些现象导致一些农村公共产品长期建设不足，甚至已建的公共产品遭到破坏。

第四，家庭联产承包责任制实行“交够国家的，留足集体的，剩下全是自己的”分配政策。家庭联产承包责任制下，农民获得了土地的经营权，虽然如此，大部分地区对承包土地还是会频繁调整，

① 王国敏.农业产业化与农业宏观政策研究[M].成都:四川大学出版社,2002:41.

并且土地产权关系不明确，在粮食等主要农产品统购、派购制度下，国家为确保粮食等主要农产品的供给，通过村级组织控制农民对土地的使用，农民对土地的自由处置权受到限制。即使在1985年取消统购、派购制度以后，又很快以“国家定购”制度再次加强对粮食生产的控制，农民生产经营的自主权有限。农民不能自由安排土地的生产经营，一方面限制了农田的规模化经营，另一方面限制了农民的生产积极性及其选择谋生方式的自由。农民自己耕种土地，但由于土地数量有限，造成收入偏少，完全抛荒又可惜，所以有些地方出现土地由妇幼老弱耕种的现象，而妇幼老弱只是对较好较近的土地进行管理，把经营土地当成义务，目的只是保留对承包土地的经营权。有的农民为了保留对承包土地的权利，在留守耕地与外出择业之间徘徊。因此，许多土地处于半充分利用的状态，甚至有些地方大片田地荒芜。家庭联产承包责任制这种土地分配方式在一定程度上限制了农民的自由择业。

第五，随着改革的深化，当农村家庭联产承包责任制的生产力发展潜力和空间达到一定程度后，越来越多的专业户在扩大农业生产经营方面会遇到土地、劳动力、技术、经营、资金不足等方面的限制，这就在客观上对生产要素流动、转移和重新组合提出新要求。而家庭联产承包责任制由于没有确立完善的产权关系，缺乏规范的土地流转制度，不能为主体提供稳定的收入预期等，其局限性日益凸显。

第六，家庭联产承包经营虽然解决了社会分工不发达条件下对个体的监督和激励问题，但是没有解决社会分工进一步发展及市场经济条件下所产生的外部经济问题。家庭联产承包责任制的实施，使成千上万的个体农户成为市场主体。据统计，1984年全国农户数量达到18799.8万户，1988年达到20895.4万户[①]，而户均承包土地面积不过7—8亩，远远低于世界农户平均土地拥有规模。数量如此庞

① 黄道霞，余展，王西玉．建国以来农业合作化史料汇编［M］．北京：中共党史出版社，1992：1400.

大的个体农户作为独立的市场主体，独立从事小规模生产经营，存在着经营规模小、组织化程度低、抗御风险能力弱等问题，小生产与大市场的矛盾日益突出。

由此可见，家庭联产承包责任制的小生产组织形式，无法适应市场经济的需求，这在客观上要求有一种能够适应市场经济发展的新型经济组织形式的出现。

第五章　新型农民合作经济组织的发展

中国农业微观经济组织创新的基本目标取向，是逐步建立和发展农民自己的合作经济组织。新型农民合作经济组织是指具有合作社性质的农民自己所成立的组织。在整个农业产业化经营过程中，新型农民合作经济组织既参与农业产业化经营，又向农户提供有偿服务和无偿服务，是承担农业中介组织部分职能的经营实体，对推进农业产业化进程和增加农民收入有着重要作用。

一、新型农民合作经济组织的兴起

随着我国市场经济的逐步发展，农村生产力水平得到进一步提高，但受农业生产周期长、供给和需求弹性小等因素的影响，广大农户经常面临农产品售卖难和价格大起大落的问题，加之市场经济不完善条件下的价格扭曲和人为干扰，农民作为独立的经济体，难以参与市场竞争。另外，农业生产组织形式落后，难以与市场经济的要求相适应，也给农业产业化的进一步发展带来了困难，这在很大程度上阻碍了农业生产水平向更高层次发展。在这样的背景下，为了抵御市场环境中的种种不确定性和风险，农民出于维护自身利益的需求，早在20世纪80年代，随着农村家庭联产承包责任制的推行，各地就涌现出各种具有合作经济性质的农村专业技术协会。进入20世纪90年代，农村兴起了产业化、规模化经营，“公司+农户”的经营模式成了一种流行的、促进农民增收的有效模式。该模式有其积极的一面，但也存在一定的局限性。在市场经济条件下，公司和农户各自追求利润的最大化，当公司与农户存在利益分歧时，矛盾较难调和，公司和农户博弈，往往不欢而散。另外，农户在与公司的合作中是弱势群体，在激烈的市场竞争中其合法利益难以获得有效保障。要改变这种情形，农户之间须加强横向联合，形成合作组织，以便与公司博弈，确保合法权益不受损害。农户可通过合作组织这个平台逐步发展成加工、销售企业，创立农产品品牌，直接面向市场与消费者；也可通过合作组织与农产品加工、销售企业建立平等的合作关系。于是，一种新型农民合作经济组织以各种不同的形式在全国各地蓬勃发展。新型农民合作经济组织是同类农产品生产的农民自愿联合起来组成的专业组织，其发展总体上以家庭联产承包经营为基础，遵照“民办、民管、民受益”的原则，为农民提供产前、产中和产后的各种服务。专业的农民合作经济组织对开拓农产品市场、提升农业收益、增加农民收入、推进农村产业结构转型与发展都具有重要作用。新型农民合作经济组织是在新时期出现的一种新的组织方式，它是在市场经济条件下，对农业经营体制的又一次创新，是农业实现专业化、市场化，走向现代化的必由之路。

二、新型农民合作经济组织的发展历程

20世纪80年代初至今，合作经济组织逐步发展壮大，从简单到复杂，从弱小到强大。回顾新型农民合作经济组织发展的历程，大致可以分为三个阶段：

（一）萌芽阶段（20世纪80年代）

20世纪80年代初，随着农村私有产权制度的恢复和家庭联产承

包责任制的确立，广大农户在大力发展多种经营的过程中，遇到的主要困难是生产技术缺乏、市场信息不畅、生产经营规模过小等。一些农民在当地技术能手、专业大户等的带领下，自发组成各类民间技术协会，协会职能以技术服务、技术合作和技术交流为主。这些技术协会是改革开放后中国新型农民合作经济组织的雏形。

（二）成长阶段（20世纪90年代）

20世纪90年代初期，我国农产品销售难的问题日益凸显，不少专业协会在满足会员技术服务要求的基础上，开始进行农产品销售，经纪能人和专业大户，各类农村经济组织、涉农部门和一些农业龙头企业也纷纷参与其中。除此之外，一些领办人还给农民成员提供市场信息服务和农业生产资料购买、农业技术指导、生产流动资金协调等某些关键环节的服务，保证农民成员获得至少不低于当地市场价格的相对稳定的农产品销售收入。

1994年初，国务院指定农业部作为指导和扶持农业合作组织的行政主管部门，并将农业领域内的农民专业合作组织和服务组织统称为农民专业合作组织。国务院还将陕西、山西确定为借鉴日本农协经验的试点省，安徽为农民专业协会示范章程的试点省。中国科协也开展了“百县千会”试点工作，在全国范围内重点扶持引导1000个农村专业技术协会开展典型示范[①]。

农业部1998年的一项调查显示，合作经济组织带动型的农业产业化组织约占农业产业化组织总数的30%左右，而合作经济组织当中有60%是专业合作社。截至1999年底，全国各类农民专业合作组织（含农民专业协会）已达14万个，带动农户4000万户，占全国农户的22.6%[②]。“因此，90年代末，农民专业合作经济组织已经成为推进农业产业化经营的一种重要的组织载体。”[③]

---

① 韩俊.中国农民专业合作社调查[M].上海:上海远东出版社,2007:8.

② 国家统计局.中国统计年鉴2000[M].北京:中国统计出版社,2000:123.

③ 苑鹏.改革以来农村合作经济组织的发展[J].经济研究参考,2008(31):21.

总的来看，20世纪90年代中国农业产业化发展刚刚起步，农户的专业化生产规模偏小，农产品销售以传统的田头交易方式为主，农民的合作需求不强烈。另外，外部环境缺乏有效的合作知识供给和法律政策环境，这些因素都导致农民合作经济组织发展相对缓慢。

（三）深化阶段（21世纪初至今）

进入21世纪，随着政策环境和法律环境越来越好，中国农村合作事业进入改革开放以来最活跃的创新、发展时期，农民合作组织不仅数量增长较快，质量也在快速提高，并实现了多层次、多领域的联合，组织结构紧密，组织管理趋向规范化。

由于政府加强政策支持，到2000年底全国农村专业技术协会发展到10.01万个，会员755.68万户。但据中国科协2002年的调查，与1999年相比，农村专业技术协会个数减少了30%以上，会员人数减少了近40%，而每个合作社入社社员人数在增加，农产品的销售数量和质量也在不断提高。这表现出专业协会和专业合作社发展的非同步性。由此可见，随着市场竞争的日益激烈和农业组织专业化程度的提高，有些专业协会已逐步被淘汰或向专业合作社过渡[①]。

2002年，农业部根据形势发展的需要，在全国选择100个专业合作组织、6个地市以及浙江省作为综合试点单位，并围绕11个优势农产品区域、35个主导产品以及名特优产品产业带的开发建设，开展农民专业合作社试点工作，重点扶持以农民领办为主、真正属于农民自己的各种专业合作社和专业协会[②]。

在2005年中央一号文件《中共中央　国务院关于进一步加强农村工作提高农业综合生产能力若干政策的意见》及党在十六届五中全会发出关于建设社会主义新农村的号召后，大量农民专业合作组织涌现，成广泛发展趋势。自2007年《中华人民共和国农民专业合

① 张月辰.农民专业合作经济组织系统管理研究[D].天津:天津大学,2007.

② 韩俊.中国农民专业合作社调查[M].上海:上海远东出版社,2007:8.

作社法》实施，我国农民合作经济组织发展迅速并取得了巨大的成效。

三、新型农民合作经济组织的政策保障

（一）鼓励农民开展形式多样的合作与联合

随着家庭联产承包责任制的建立和多种经营的发展，出现了大批专业户，促进了生产的专业分工和多样化的经济联合。农民为发展商品生产而自觉自愿进行合作与联合，与此同时，国家也高度重视，并给予其相关政策扶持、鼓励和引导。

1983年1月2日，中共中央发布一号文件《当前农村经济政策的若干问题》。该文件指出，目前农村联产承包制采取了分散经营和统一经营相结合的原则，分户承包的家庭经营只不过是合作经济中的一个层次。适应商品生产的需要，发展多种多样的合作经济组织，是解决农村经济问题的重要途径。该文件首次提出了人民公社体制改革问题。该文件指出，人民公社的体制要从两个方面进行改革：一是实行生产责任制，特别是联产承包制；二是实行政社分设，这就把农村上层建筑的改革提上了议事日程。我们需要把握中央一号文件两个要点：第一，虽然全国农村普遍实行了“包产（包干）到户”，但其仍属于“合作经济”体制；第二，这个“合作经济”是把集体统一经营和家庭分散经营结合起来，即“有统有分，统分结合”的双层经营，它既可适应当时以手工劳动为主的状况和农业生产的特点，又能适应生产力发展的需要。在“统分结合，双层经营”中，“分”这一层次的内涵是非常明确的，即实行家庭联产承包责任制，而“统”是农村集体经济的体现，表现为土地和资源所有权仍归集体所有，“统分结合”能充分调动广大农民群众的经营积极性。集体要承担“统”的公共职能就需要资源，在人民公社解体之后，这种资源的取得主要有两种方式：一种是村或组的集体经济收益，另一

种是村向农民收取的公积金和公益金提留款。

1983年1月20日中共中央发出的《关于加强农村思想政治工作的通知》要求，根据《中共中央关于印发〈当前农村经济政策的若干问题〉的通知》，在搞活经济、继续放宽某些政策的同时，要大大加强和改进党在农村的思想政治工作，逐步提高农民的政治、思想觉悟，使人人争做有理想、有道德、有文化、守纪律，爱祖国、爱社会主义、爱党、爱集体的社会主义农民，团结一致，为实现全面开创社会主义现代化建设的新局面，奋发工作。1983年6月18日，邓小平在会见参加北京科学技术政策讨论会的外籍专家时说："我们现在的路子走对了，人民高兴，我们也有信心。我们的政策是不会变的。要变的话，只会变得更好"①。

1984年中央一号文件《关于一九八四年农村工作的通知》明确指出：通过设置以土地公有为基础的地区性经济合作组织，推动"统一经营"与"分散经营"相结合的体制的完善。该类组织可以叫作农业合作社、经济联合社或群众自发选定的其他名称，其设置单位可以是村也可以是生产队，合作组织可以与村民委员会共享一套班子，也可以单独组建管理团队。该文件同时指出，政社分开设置后，农村经济类组织应根据实际生产发展的需求，在群众自愿的基础上设置，形式与规模可以多种多样，不要自上而下强制推行某一种模式。这种农村经济联合组织是建立在自愿互助和平等互利基础上的，受到农民的支持与青睐，对促进中国农村经济的发展发挥了重大作用。

1984年3月19日，中共中央书记处农村政策研究室、农牧渔业部联合发出《关于改革农村合作经济经营管理指导工作的意见》（以下简称《意见》）。《意见》指出，实行联产承包以后，除了原有的农业合作经济组织直接统一经营的经济外，还有承包户、承包组以及部分社员联营的经济，经营管理工作的对象比过去更多样化了。经营管理服务要以提高经济效益为中心，因为随着农业向大规模商

① 邓小平文选：第3卷[M].北京：人民出版社，1993：29.

品生产转化，合作经济和农户经营自主权扩大，市场调节作用加强，特别是剩余劳力和可支配资金增加，就对经营管理提出了新的要求。同时，《意见》要求改革工作方式，积极开展各种服务活动。经营管理站要开展经营咨询和购销合同的服务，开展完善各种生产责任制的服务，开展会计辅导和审计的服务，进行社员家庭收入和集体收益分配的调查统计，进行成本核算的试点。为了完成以上任务，要加强经营管理队伍的建设，不断提高服务质量，要逐步建立和健全经营管理服务体系，使它同农业生产技术推广等体系一起，成为发展农业的重要支柱。

1985年的中央一号文件《关于进一步活跃农村经济的十项政策》指出，按照自愿互利的原则，根据商品经济发展的要求，积极发展和完善农村合作制。之后，中共中央于1998年10月在北京召开的十五届三中全会上通过了《中共中央关于农业和农村工作若干重大问题的决定》（以下简称《决定》）。《决定》进一步指出，要适应生产和市场需要，发展跨所有制、跨地区的多种形式的联合和合作。中共中央、国务院对农村合作经济的肯定和政策引导，为农民合作组织的建设创造了良好和宽松的环境。

（二）农业社会化服务体系的形成与发展

改革开放以来，我国党和政府高度重视农业社会化服务体系建设工作，并将其作为稳定和完善农村基本经营制度、深化农村改革的一项重要任务。随着国家相关政策的不断完善，农业社会化服务体系建设取得了快速发展。

1978年以后，家庭联产承包责任制的推行和人民公社的逐步解体，带来了生产力的解放，促进了商品生产的发展，在此情形下，迫切需要为农业提供社会化服务，进一步推动农村改革，“社会化服务”应运而生，并且内涵不断丰富，见表5-1[①]。1983年中央一号文

① 高强，孔祥智. 我国农业社会化服务体系演进轨迹与政策匹配：1978～2013年[J]. 改革，2013(4)：7.

件《当前农村经济政策的若干问题》提出“社会化服务”的概念。同年，一些地区成立了“农业服务公司”。1984年中央一号文件《关于一九八四年农村工作的通知》和1986年中央一号文件《关于一九八六年农村工作的部署》提出了“社会服务”“商品生产服务体系”“生产服务社会化”的概念，之后出现了“系列化服务”“一体化服务”等提法。在社会化服务内容规定方面，1982年中央一号文件《全国农村工作会议纪要》指出，要恢复和建立各级农业技术推广机构，充实加强技术力量。1983年中央一号文件《当前农村经济政策的若干问题》指出，当前，各项生产的产前产后的社会化服务，已逐渐成为广大农业生产者的迫切需要。1984年中央一号文件《关于一九八四年农村工作的通知》从加速实现社会主义农业现代化的高度，提出必须动员和组织各方面的力量，逐步建立起比较完备的商品生产服务体系，满足农民对技术、资金、供销、储藏、加工、运输和市场信息、经营辅导等方面的要求。1985年中央一号文件《关于进一步活跃农村经济的十项政策》提出，科研推广单位、大专院校及城市企业，可以接受农村委托的研究项目，转让科研成果，提供技术咨询服务，或者与商品基地及其他农村生产单位组成“科研-生产联合体”，共担风险，共沾利益。1986年中央一号文件《关于一九八六年农村工作的部署》从促进农业社会化服务发展的角度，提出了动员各方力量发展农民专业合作经济组织的要求，并进一步明确，近几年，出现了一批按产品或行业类别的服务性组织，应当认真总结经验，推动服务组织完善。各地可根据区域实际，在若干商品集中产区，按照农民的要求，提供良种、技术、加工、贮运、销售等一系列服务。通过服务逐步发展专业性的合作组织。同时，1986年中央一号文件将“组织产前产后服务”作为农村工作总要求之一，认为农民对服务的要求也是各式各样的，不同内容、不同形式、不同规模、不同程度的合作和联合将同时并存。

表5-1 20世纪80年代中国促进农业社会化服务体系健全的相关政策及主要内容

时间	政策文献（中央一号文件）	主要内容
1983年1月2日	当前农村经济政策的若干问题	继续实行对农业的技术改造，改善农业生产条件，加强农业科学技术和教育工作，使农业有一个比较先进的物质、技术基础
1984年1月1日	中共中央关于一九八四年农村工作的通知	必须动员和组织各方面的力量，逐步建立起比较完备的商品生产服务体系，满足农民对技术、资金、供销、储藏、加工、运输和市场信息、经营辅导等方面的要求。这是一项刻不容缓的任务。它是商品生产赖以发展的基础，是合作经济不可缺少的运转环节，也是国家对农村经济实行计划指导的重要途径
1985年1月1日	中共中央 国务院关于进一步活跃农村经济的十项政策	科研推广单位、大专院校及城市企业，可以接受农村委托的研究项目，转让科研成果，提供技术咨询服务，或者与商品基地及其他农村生产单位组成“科研-生产联合体”共担风险，共沾利益
1986年1月1日	中共中央 国务院关于一九八六年农村工作的部署	农村商品生产的发展，要求生产服务社会化。因此，完善合作制要从服务入手。我国农村商品经济和生产力的发展，在地区之间、产业之间是参差不齐的，农民对服务的要求也是各式各样的，不同内容、不同形式、不同规模、不同程度的合作和联合将同时并存。决不可一刀切，更不可采取政治运动的方法去推广

20世纪80年代中前期的五个“中央一号文件”，重点解决了农村经济在体制上的阻碍，推动了农村生产力大发展。在此框架下，将农业社会化服务作为解放和发展农村生产力的重要手段，对扩展农业社会化服务内涵、明确农业社会化服务定位意义重大。然而，这一时期虽然中国已经提出农业社会化服务的概念，但是仍未对农业社会化服务的内涵作出科学的界定，当时界定的服务内容主要集中在农业产中环节，体现出较强的农村改革的时代背景。

1987年6月8日，中共中央书记处农村政策研究室发表《关于稳定和完善土地承包制的意见》指出，在土地公有基础上，实行分户承包、统一服务相结合的双层经营，已经成为乡、村合作经济组织在农业生产中的主要经营形式。乡、村集体企业，即原来的社队企业，是乡、村合作组织单独或联合兴办的企业，分别属于基层合作组织或其联合组织集体所有。乡、村集体企业应建立健全承包制，承包后，合作经济组织向企业投入的扩大再生产基金，以及按合同规定留在企业的扩大再生产基金，和其他依法归集体所有的资金，应归合作经济组织集体所有。合作经济组织有权从集体企业上交的利润中提取一定的比例，用于兴办农业生产服务事业，兴建农业生产设施，以工补农、以工建农。

1988年10月31日，农业部通过的《各地完善双层经营制工作有新进展》指出，中国农村在1982年普遍实行联产承包责任制以后，各地根据中央几个一号文件精神，在完善双层经营制方面做了不少工作，相继对社区性合作组织建设、承包合同的管理集体经营层次职能作用的发挥等几项工作普遍进行了安排部署。

1991年国务院发出《关于加强农业社会化服务体系建设的通知》，将“农民专业技术协会、专业合作社和专业户”明确为提供农业社会化服务的五大主体之一，并明确要求，针对农民自办、联办的服务组织，各级政府要积极支持，确保其合法权益不受损害，同时亦要加强对合作组织的管理，引导该类组织健康发展。金融、科技、商业等部门，对户办、联户办、其他民办的服务实体，要在资金、技术、生产资料供应等方面给予支持。

1993年中共中央十一号文件《关于当前农业和农村经济发展的若干政策措施》指出，要逐步形成社区集体经济组织、国家经济技术部门、各种民办专业技术协会（研究会）等组织相结合的服务网络。农村各类民办的专业技术协会（研究会），是农业社会化服务体系的一支新生力量，各级政府要加强对该类组织的指导与扶持，使其在服务农村经济发展的过程中，逐步发展为技术经济实体。1993年11月在北京召开的中共十四届三中全会通过了《中共中央关于建立社会主义市场经济体制若干问题的决定》（以下简称《决定》）。《决定》提出，要从农民实际需要出发，发展多样化的服务组织，形成乡村集体经济组织、国家经济技术部门和各种专业技术协会等农民联合组织相结合的服务网络。

中共中央、国务院将农民专业合作经济组织作为农业社会化服务体系的重要组成部分，不仅体现了农民专业合作经济组织应以服务成员和维护成员利益为宗旨的要求，指明了农民专业合作经济组织的发展方向，还明确了农民专业合作经济组织在现代农业发展中的地位及其支持政策的取向。

（三）引导农民专业合作经济组织进入流通领域

20世纪50年代农业生产合作化初期，我国针对生产合作与流通合作谁先谁后的问题有过争论。在计划经济体制下，农业生产合作与流通合作分离，农村供销合作社逐步演变成“二国营”，而生产大队、生产队几乎只承担生产任务。随着农村市场取向改革政策的实施，生产合作与流通合作分离的农业组织结构已不适应农业的发展，一些农民自发地开始了联合购销，中共中央、国务院对此也予以鼓励和支持。

1987年1月22日，中共中央政治局通过的《把农村改革引向深入》提出，要支持农民组织起来，进入市场流通领域，参与市场竞争。文件还指出，当前农村已出现了一批农民联合购销组织，其中，有乡、村合作组织兴办的农工商公司或多种经营服务公司，有同行业的专业合作社或协会，也有个体商贩、专业运销户自愿组成的联合商社。提升农民的组织化程度，完善农村服务，适应农村商品经济发展的客观要求，提供专业化的服务，是农村发展的迫切需要。

1987年6月，国务院转批的《关于深化供销合作社体制改革的意见》指出，要把供销合作社真正办成农民的合作商业组织；继续完善为农村商品生产服务体系；发展横向经济联合，改革经营体制；积极推行经营责任制，改革管理制度；健全社章社法，坚持民主管理制度。关于建立农村商品生产服务体系，文件指出应逐步建立起以产品为龙头的生产、加工、运销等多功能的服务体系。该服务体系的建立，一是以县市为单位，根据当地条件，合理规划，抓住几项工农业骨干产品，实行小集中的专业化生产。二是在自愿原则下，组织生产者建立不同产品的生产专业协会，或按照合作社的组织原则，建立专业合作社。三是通过产销合同，提供生产物资、生产技术、储藏运输、产品加工和开拓销路的服务，逐步把分散的家庭生产同社会的大市场联结起来，使农村商品生产得以稳定发展。

在取消农产品统派购制度后，中央支持实行农民专业合作经济组织进入流通领域的政策，这使得农民专业合作经济组织获得生存和发展的空间。1995年2月，中共中央、国务院联合发布了《关于深化供销合作社改革的决定》（以下简称《决定》）。《决定》明确指出：供销合作社是农民的合作经济组织。实践证明，农业和农村是供销合作社生存和发展的基础。该《决定》明确指出成立中华全国供销合作总社。1996年1月，中华全国供销合作总社发布了《关于积极兴办专业合作社若干意见的通知》，提出在农村依托供销合作社，兴办专业合作社，以骨干产品或某一行业企业为龙头，实行产供销一体化经营，还提出了“自愿、互利、民主、平等”的合作社原则。从此，全国供销合作社的一个重要工作任务就是参与农业产业化经营的发展，兴办农民专业合作社。

1996年3月，第八届全国人民代表大会第四次会议审议通过的《中华人民共和国国民经济和社会发展“九五”计划和2010年远景目标纲要》指出，要鼓励发展多种形式的合作与联合，发展联结农民与市场的中介组织，大力发展贸工农一体化，积极推进农业产业化经营。1997年9月，中共十五大召开，会上明确指出，农民专业化合作经济组织进入流通领域，形成的产业化经营已成为中国农业和农村经济发展的一项重大战略性举措。

（四）国家加大对农民专业合作经济组织的指导和扶持

改革开放特别是进入21世纪以来，中国逐步实现了由农业养育工业到工业反哺农业的政策转变，农民生产经营的市场环境发生了重大变化，农民对合作的需求更加迫切。因此，各级政府及相关部门更加重视农民专业合作经济组织的发展，并加大对农民专业合作经济组织的指导和支持力度。2001年1月，中共中央、国务院发布的《关于做好2001年农业和农村工作的意见》明确指出，对涉农产品与服务的加工企业、经销市场、合作组织等，各种所有制的旨在推动农业产业化、规模化发展的实体，只要有市场竞争力，能产生效益，促进农民增收，各级政府都要平等地给予扶持。2003年1月，中共中央、国务院发布的《关于做好农业和农村工作的意见》明确指出，要积极培育多元化的农业技术推广服务组织，鼓励并支持科研单位、大专院校、各种专业合作组织和龙头企业以多种形式，通过多种渠道开展农业技术推广服务。2003年10月，中共十六届三中全会通过《中共中央关于完善社会主义市场经济体制若干问题的决定》（以下简称《决定》）。《决定》指出要鼓励并支持农民按照自愿、平等的原则，发展多种形式的农村专业合作组织。2003年12月，中共中央、国务院发布的《关于促进农民增加收入若干政策的意见》指出，从2004年起，中央和地方要安排专门资金，支持农民专业合作组织开展信息、技术、培训、质量标准与认证、市场营销等服务。有关金融机构支持农民专业合作组织建设标准化生产基地、兴办仓储设施和加工企业、购置农产品运销设备，财政可适当给予贴息。

2005年中央一号文件《关于进一步加强农村工作 提高农业综合生产能力若干政策的意见》指出，要鼓励并支持农民专业合作组织的发展，对专业合作组织及其所办加工、流通等实体企业可适当减免有关税费。2006年中央一号文件《关于推进社会主义新农村建设的若干意见》提出，要积极引导和支持农民发展各类专业合作经济组织，加快立法进程，加大扶持力度，建立有利于农民合作经济组织发展的财税、信贷和登记等制度。通过各方努力，2006年10月31日第十届全国人大常委会第二十四次会议通过《中华人民共和国农民专业合作社法》。这部法律既是一部主体法，也是一部促进法。作为主体法，它确立了农民专业合作社的法律地位、设立条件、组织机构；作为促进法，它推动了农民在家庭联产承包的基础上，自愿、自发地组织起来进入市场，有利于实现农民增收、农业发展和农村稳定。该法借鉴了国际经验和合作社理论，赋予了农民专业合作社法人地位，是对中国法人制度的创新与完善，其中最突出的四大亮点就是明确法人资格、适度规范组织行为、规定国家扶持政策、创新农村经营体制。这部法律的出台是农民专业合作社发展史上新的里程碑。

2007年中央一号文件《关于积极发展现代农业 扎实推进社会主义新农村建设的若干意见》明确指出，大力发展农民专业合作社组织，认真贯彻农民专业合作社法，支持农民专业合作组织加快发展。2008年中央一号文件《关于切实加强农业基础建设 进一步促进农业发展农民增收的若干意见》指出，要深入贯彻并落实《中华人民共和国农民专业合作社法》，抓紧出台与之配套的法规政策，尽快推动能促进农村经济发展的税收优惠办法的制定，及时清理取消不合理的收费。鼓励农民专业合作社兴办农产品加工企业或参股龙头企业。同时加强农村人才培养，开展农村实用人才培训工程，重点培训种养业能手、科技带头人、农村经纪人和专业合作组织领办人等。2008年10月，中共十七届三中全会通过的《中共中央关于推进农村改革发展若干重大问题的决定》进一步明确“允许有条件的农民专业合作社开展信用合作”的政策规定。

2009年中央一号文件《关于二〇〇九年促进农业稳定发展农民持续增收的若干意见》明确指出，要大力扶持农民专业合作社及涉农龙头企业的发展。加快发展专业合作社，开展示范社建设行动。2010年中央一号文件《关于加大统筹城乡发展力度 进一步夯实农业农村发展基础的若干意见》提出，针对现有农业组织化程度存在的问题，应着力提高农业生产经营主体的组织化程度。推动家庭向采用先进科技及生产手段的方向转变，推动统一经营向发展农户联合与合作，形成多元化、多层次、多形式经营服务体系的方向转变。2012年中央一号文件《关于加快推进农业科技创新 持续增强农产品供给保障能力的若干意见》明确提出，在农业社会化服务组织的培育与发展过程中，政府应积极作为，可通过采购、定向委托与招投标等多种方式，扶持农民专业合作社等组织的发展。2013年中央一号文件《关于加快发展现代农业进一步增强农村发展活力的若干意见》指出，要大力支持发展多种形式的新型农民合作组织，农民合作社是带动农户进入市场的基本主体，是发展农村集体经济的新型实体，是创新农村社会管理的有效载体。

连续多年的中央一号文件从生产、流通、社会化服务和农业经营体系建设等诸多方面为推动农民专业合作社实现可持续发展制定了各项政策措施。2015年，中央一号文件《关于加大改革创新力度加快农业现代化建设的若干意见》提出要适时对农民专业合作社法进行修改。同年，国家农委组织开展合作社法的修订工作。国家农委在组织修改过程中，多次征求相关部门、科研机构与高等学校有关农民专业合作社以及本领域研究者的意见和建议，在深入总结实践经验与强化调查研究、多次论证的前提下拟订了草案。2017年6月22日，在十二届全国人大常委会第二十八次会议上，审议了农民专业合作社法修订草案。2017年12月27日，第十二届全国人大常委会第三十一次会议正式通过新修订的农民专业合作社法，由第83号主席令予以公布，自2018年7月1日起施行。新《中华人民共和国农民专业合作社法》的主要亮点有：取消有关"同类"农产品或者"同类"农业生产经营服务中"同类"的限制，明确农民专业合作社的业务范围；允许农民专业合作社内部开展信用合作；增加"农民专业合作社联合社"专门章节；规范农民专业合作社发展的新规定。

四、新型农民合作经济组织的特征

中国各级政府对发展新型农民合作组织的态度和行动都是十分积极的，并采取了一系列措施，这在一定程度上促进了合作经济组织的发展。中国新型农民合作经济组织在这一过程中逐渐形成自身的特点。

（一）入社自愿，退社自由

新型农民合作经济组织是在农民自主、自愿的基础上建立起来的，农民入社自愿，退社自由，享受成员的权利，履行成员的义务。在新型农民合作经济组织中，农民是主体，组织的方针和重大事项由其成员共同参与决定，他们掌握话语权，自助、民主、平等、公平和团结是合作社的基本价值观。因此，新型农民合作经济组织能够切实维护农民的经济利益，真实反映农民的心声，保障农民的权益。

（二）所有制关系上农民享有所有权

在实行家庭联产承包责任制这一基础上，中国新型农民合作经济组织逐渐发展起来。在组织中，组织成员之间的合作是要素合作，但是要素的所有权关系不变，特别是当土地作为一种要素进入合作社时，土地的最终使用权仍旧属于合作社成员所有。因此，合作组织的建立并没有改变农民家庭联产承包经营制度等农村基本产权制度，只是改变了其生产方式与要素组合形式，包括土地在内的所有要素仍旧有非常明晰的产权归属[①]。

（三）分配方式人性化

新型农民合作经济组织在分配上对处于资金、技术等弱势地位，主要以劳动出资的农民给予必要的保护，分配主要是依据劳动或交易量的多少来进行，降低现金、生产资料等分配比例，使广大农民成员能够享受到自己劳动所带来的成果，这在一定程度上使组织的分配更加公平，也更能体现劳动合作的作用和劳动价值。另外，合作组织中的分配是以单个农户为单位，或者以单个农民为单位进行的，分配范围的缩小使得能够分配到个人，因而更为合理，更为人

① 王曙光.中国农民合作组织历史演进：一个基于契约-产权视角的分析[J].农业经济问题，2010(11)：21-27，110.

性化，更能保障农民自身利益。

（四）管理模式上政社分开

合作经济组织在不同的时代背景下运用不同的管理模式。改革开放之前的合作经济组织，倡导的是自上而下的管理模式，而新型农民合作经济组织则采用了政社分开的管理模式。“放活”农民、农业、农村是完善市场经济的必然要求。新型农民合作经济组织真正做到了将社还于民，合作社由农民自己办，农民得实惠，通过完善的内部规章制度，实现农民自我管理、自我发展。此外，合作社成员间相互帮助、相互信任，真正使农民成为组织的主人，这也增强了合作组织的凝聚力和向心力。

（五）对内服务，对外获利

新型农民合作经济组织对内并不是营利性的。组织所得的利润都会按照社员交易量的大小返还给社员，从而保障农民所得利益。新型农民合作经济组织对内强调服务性，为社员办实事、办好事、办成事，对外则强调营利性，根据成员的愿望和要求，开展业务经营活动，并通过组织的力量，为社员创造更多财富。

（六）专业性更强

新型农民合作经济组织是市场经济的产物，能够起到“安全阀”和“稳定剂”的作用，具有专业性。该类型组织根据市场需求进行专业化生产，并且通过市场信息对社员进行科学化的指导管理，根据市场需求的变化，从而调整农业订单。另外，新型农民合作经济组织的建立使农业生产分工更加精细、专业。

五、新型农民合作经济组织的功能

（一）市场服务功能

新型农民合作经济组织最主要的功能就是为农户提供各种市场服务，进而提高农户的市场适应力和竞争力。在进入市场参与竞争的过程中，农户的劣势主要是信息、技术和资金的严重匮乏。在解决这些问题的过程中，农户个人往往心有余而力不足，新型农民合作经济组织则可以发挥巨大作用。新型农民合作经济组织能够将个体小农组织起来，形成合力，进而改变农户在市场中的弱势地位，把分散生产经营的农户同千变万化的大市场联结起来。例如，处于农业流通领域的新型农民合作经济组织可以为农户提供产前、产中、产后的一系列信息服务，包括提供市场需求、生产资料供应、产品价格、市场变化、进出口等方面的信息，引导农户根据市场需求统一组织农产品生产，减少农户在生产上的盲目性。这些新型农民合作经济组织还能够开拓市场营销渠道，给农户提供较为有效的销售服务。相对于单个农户而言，新型农民合作经济组织拥有较为广泛的信息来源渠道，能够为农户提供丰富的市场信息，从而极大地提高农户生产的组织性、农户购销行为的预测性和有序性，在较大程度上改变农户与其他市场主体信息不对称的局面，帮助农户适应市场竞争，提高农户在市场交易中的地位，增强农户生产的信心和实效。

（二）增收益贫功能

更好地助农增收，带动贫困农户致富，这是新型农民合作经济组织自身应有的功能。新型农民合作经济组织与农户之间的关系，是以产品为纽带、以利益为核心、以利益联结机制来驱动的。农户的利益主要是指经济利益，农户经济利益最直接的反映就是收入的增加。只有合作经济组织和农户之间建立一个相对稳定且合理的利益联结机制，才能保证农户利益的相对稳定性，激发农户加入合作经济组织的积极性，增强合作经济组织的凝聚力，从而实现合作经济组织和农户之间关系的良性发展。

新型农民合作经济组织能够给参与农业分工的农户提供专业化的交易服务，帮助农户扩大市场范围，提高农业机械化程度，提高农产品质量，节约农户交易成本，降低交易风险，提高交易效率和协调效率，提高农户的风险规避能力和专业化水平，维护农户利益，促进农户更好地参与农业分工，帮助农户获得更多经济收益，促进农户农业收入的增加。

新型农民合作经济组织具有天然的益贫倾向和益贫功能。在广大农村，由于自然条件、历史基础、个人禀赋、机会等的差别，仍存在一些贫困家庭和贫困人口，新型农民合作经济组织在扶贫攻坚中扮演着重要的角色。新型农民合作经济组织作为开放型的组织，贫困农户也可以加入，并享有新型农民合作经济组织的一切服务。不仅如此，从实践中看，多数新型农民合作经济组织在对贫困农户进行资金支持、技术指导、技能培训、生产资料提供、产品收购价格等方面都给予了特殊的照顾和支持。新型农民合作经济组织是市场经济的产物，其以组织的感召力、与农户经济利益的联结和对农户的吸引力，汇集和带动了大批农户，集聚了丰富的社会资本，成为扶贫开发的新兴主体，并影响和改变着扶贫开发的存在生态和运作模式。一方面，新型农民合作经济组织的发展需要依靠农业产业；另一方面，其作为产业扶贫的载体，它的“增收益贫”功能对贫困地区和贫困人口而言，是致富增收的根本性和长远性的重要战略举措。

（三）权益维护功能

经济利益是农民权益最基础、最本源性的内容，政治权益又深深地影响着经济权益，成为经济权益实现的保障。“在文明社会中，两者实现的共同前提条件就是平等权的真正实现。”[①]农民权益是农民作为社会主体存在的条件，农民权益保护则是一种对作为社会主体的农民的基本人权的真切关怀。新型农民合作经济组织的兴起和壮大，为维护农民的权益提供了保障。

新型农民合作经济组织的出现，把分散的农民组织联合起来，通过组织的力量和集体行动来争取和维护农民利益。新型农民合作经济组织是以利益为纽带结成的互惠互利共同体，作为农民利益集团的代表，其生命力在很大程度上取决于社员利益以及各种合作要素利益的实现程度。组织为其成员带来的利益不仅包括直接利益和间接利益，短期利益和长远利益，还包括社员的个人利益和组织的整体利益，它是实现社会利益均衡和保护农民权益的重要组织形式。事实上，对新型农民合作经济组织的信任和从中能够获取的收入、权益，是农民加入合作经济组织最直接的动因。农民对合作经济组织的依靠程度，取决于他们对合作经济组织的信任程度，这种信任度又来自合作经济组织对其社员所提供的帮助和利益的满足与保护。新型农民合作经济组织的最终目的就是为了保护农民的利益。

（四）农业产业化推进功能

中国农业产业化经营产生于20世纪80年代中后期，是中国农业发展过程中的伟大创造。新型农民合作经济组织是一个很重要的产业化组织形式。它以特有的民办性、合作性与专业性等优势，以某一项农产品生产或服务经营为核心，通过合作组织的力量，把服务渗透到从生产到流通的各个环节，在企业与农民之间架起一座互利互惠的桥梁，聚集分散的生产要素，使农业生产形成一定规模，构成产业链，实现规模化、产业化经营，解决了国家经济技术部门包揽不了、农民单家独户干不了的事情。因此，新型农民合作经济组织不仅是农业产业化的一种存在形式，也是推动农业产业化发展的

① 李长健.论农民权益的经济法保护——以利益与利益机制为视角[J].中国法学,2005(3):120.

重要力量和载体。

（五）民主政治监督功能

促进乡村政治参与是农民合作经济组织的功能之一，而政治监督又是政治参与的主要形式和途径。新型农民合作经济组织除了能在经济上提升农产品竞争力，促进农民增收外，还能在一定程度上维护农民的政治权利，保障农村社会的稳定。尽管政府和新型农民合作经济组织表面上没有行政上的隶属关系，但实际上，由于新型农民合作经济组织存在于乡村社会，从事的是与农业相关的生产经营活动，而且很多新型农民合作经济组织还是乡镇政府下属的机构发起或乡镇政府支持成立的，其存在离不开乡镇政府的支持。农民的各种利益诉求可通过合作组织这个平台与渠道，以较低的成本向政府与社会传递，对政府与其他社会组织行为形成监督与制约，从而促进农村民主制度建设。

新型农民合作经济组织的政治监督功能主要表现在以下两个方面：第一，新型农民合作经济组织对政府及其工作人员的行为进行监督，包括政府及其工作人员是否依法行政、科学行政，能否保证不损害农户和新型农民合作经济组织的权益，能否实现政府职能的转变，由服务型政府取代过去的管理型政府，为新型农民合作经济组织的发展提供一个宽松的政治环境；第二，新型农民合作经济组织对村委会活动的合理性与公平性进行监督。新型农民合作经济组织处在农村，乡村民主选举、村务公开、村干部活动的合法性，都受其监督。因此，推进新型农民合作经济组织建设，有利于乡村民主政治的健康发展。

第六章　现阶段农业微观经济组织分析

目前，全国农民合作经济组织数量众多、形式多样，但概括起来具有典型意义的主要有三种模式：龙头企业带动型、中介组织联动型和合作社一体化型。

一、三种农民合作经济组织模式的基本内涵和特征

（一）龙头企业带动型模式

龙头企业带动型模式是指以龙头企业为主体，围绕一项或多项产品，形成“公司+农户”“公司+基地+农户”“公司+批发市场+农户”等农产品产、加、销一体化经营的组织形式。在现实生活中，这种模式有多种表现形式，常见的形式有合同制、契约制，即“订单农业”。在这种模式下，农户与企业通过规范化的购销合同形成了一定的利润共享和风险共担机制，建立了利益相对稳定的购销关系。因此，双方都获得一种比较稳定的收益。

龙头企业带动型模式主要有以下特征：

第一，龙头企业带动型农民合作经济组织是一种不完全的垂直一体化组织。在龙头企业带动型模式中，龙头企业为了降低在市场中购买农产品的交易成本和规避原料短缺的风险，一般通过与农户

签订协议的方式，将农业生产转变为企业生产链条上的一个初级环节，从而实现一定程度上的一体化经营。但企业与农户之间是相对独立的，二者之间的联系主要在产品销售，不涉及生产加工等其他环节，因此是不完全的垂直一体化组织，或叫作准垂直一体化组织。

第二，龙头企业带动型模式下的农民合作经济组织中博弈双方地位悬殊。在龙头企业带动型模式下，龙头企业占据优势和主导地位，农户处于劣势和被动地位。其表现如下：其一，企业与农户存在信息不对称的问题。大多数龙头企业市场竞争意识较强。对政府政策和法律知识了解较多，对市场信息的分析预测能力较强。而农户的素质普遍不高，市场竞争意识较为淡薄，难以准确、及时地捕捉市场经济信息，评估和辨别信息的能力低，在掌握和应用信息方面明显处于劣势。其二，龙头企业与农户博弈能力不对称。龙头企业大多经济实力雄厚，拥有严密的组织和完善的市场营销系统，在原材料的购买方面交易量较大，易形成垄断。而农户不但规模小，居住分散，且缺乏代表自身利益的组织依托。由此，缔约双方地位、力量显然是不够平等的。上述两方面存在的客观差异，使得农户在与龙头企业的谈判中常常处于不利地位，龙头企业实际上成为农业产业化经营中的组织者和主导者。在缔结契约的过程中，龙头企业有可能凭借其强势地位单方面规定契约条款，甚至可能产生对农户的欺诈和强制行为，从而使农户的利益得不到保证。这也导致农户参与农业产业化经营的积极性受挫，并加大了产业化组织内部的运行成本。由于龙头企业的趋利性以及双方地位的不对等，这一模式对农户的凝聚力不强。

第三，龙头企业与农户之间属于短期的不完全契约关系。龙头企业带动型模式所依托的是一种短期契约，不仅表现为契约的期限较短，而且合同内容（如合同价格等）往往也调整频繁。由于违约收益往往高于违约成本，所以在交易过程中存在企业和农户随时解约的现象。在龙头企业带动型模式下，契约双方的实力悬殊，企业和农户之间很难建立起合理的利益分配机制，经常出现一些农户在签约之后才发现自己“上了当”。契约经济学认为，在契约型组织中，处于强势地位的一方必然对处于弱势依附地位的一方形成“要挟”，这就造成弱势者部分权利的丧失，使其缺乏充分的激励，进而去付出努力以寻找更有效的方式来提高资源的配置效率。同时，企业也很难通过短期契约来监督农户的行为，不能有效防止农户“搭便车”，这使龙头企业的监督成本大大提高。因此，短期的不完全契约增加了这一模式内部的道德风险和机会主义行为，也决定了这种合作关系的短期性和不稳定性。

第四，龙头企业带动型模式下农民合作经济组织中的利益主体相对独立，双方产权比较明晰。龙头企业与农户分属不同的利益主体，双方利益目标往往不一致。企业在合作经济组织中，与农户联合的目的在于降低原料成本，提高自身经济效益。在市场经济条件下，企业的目标是利润最大化，只有在对其经营有利的条件下，他们才有可能与农户发生特定的交易行为，并为其提供相应的服务。对农户而言，其利益主要与农产品价格相关，因而他们主要关心的是农产品的价格和销路，对加工、销售领域及其增值情况关注较少。我们可以看出，在龙头企业带动型模式下，企业与农户是相互独立的利益主体，他们仅仅是通过签订合同的方式来合作，他们之间的产权关系是明晰的。龙头企业与农户之间的交易实质上是一种农产品远期合同交易，即企业与农户按照事先约定的产品质量和价格并在约定的时间交割产品。农户虽然是企业的准产业工人，但他们独立地拥有土地、生产工具等生产资料和劳动力，企业不能直接介入和支配这些资源，农户也不能介入企业的生产、销售和管理环节。因此，在这种模式下，企业与农户之间的产权界限很清晰，公共租金耗费少。

（二）中介组织联动型模式

中介组织联动型模式是指农户通过各种中介组织（包括农村专业市场、供销社、农业协会以及农户的互助组织等）将生产的农产品与国内外市场进行连接，与公司的生产、加工、销售相连接，从而形成以市场为导向，具有约定的利益联结机制，农工商一体化的产业链和一定程度风险共担、利益共享的利益共同体。中介组织对农户提供产前、产中、产后全方位服务，使众多分散的小规模生产经营者联合起来形成统一的、较大规模的经营群体，实现规模经济。这种模式是对龙头企业带动型模式的改进和发展。

中介组织联动型模式具有以下特征：

第一，该模式下的农民合作经济组织是松散的一体化组织。在中介组织联动型模式下，由于中介组织的加入，龙头企业对农户的控制相对薄弱，一旦农户的潜在利益出现，农户的毁约行为可能大规模发生。中介组织在此时扮演着市场的角色，企业与中介组织、中介组织与农户之间的代理成本在一定程度上替代了企业与农户之间的市场交易成本。正是这种双重代理关系的出现，使得企业与农户之间的关联程度有所降低，形成了一个比较松散的一体化组织。

第二，农户、龙头企业和中介组织间出现双重的委托代理关系。在中介组织联动型模式中，中介组织同时成为企业和农户二者的共同代理人。一方面，企业主要委托中介组织来规范农户的行为，尽可能使农户按照企业的意愿来确定生产的品种、规模和标准等；另一方面，农户也是通过中介组织来与企业谈判和协商，并尽可能多地争取和维护自身的权益。因此，中介组织与农户和龙头企业的双重委托代理关系在这种模式中扮演着非常重要的角色。

第三，在中介组织联动型模式下，龙头企业与农户之间存在不稳定的博弈关系。理想化的中介组织联动型模式中，中介组织应该是农民利益的代言人，因为相对于企业而言，农户处于弱势。但是在现实经济中，中介组织本身也是作为相对独立的利益主体而存在的，而且其又掌握了有关企业和农户较充分的信息，他们很可能在联系企业和农户的过程中发生“寻租”行为。这使得中介组织在企业和农户之间进行复杂的博弈，可能采取“见机行事”的策略，哪一方对自己有利，中介组织就可能偏向这一方，以追求自身利益的最大化。因此，中介组织的介入，使得企业与农户之间的博弈更加复杂、更加不稳定。

第四，在中介组织联动型模式下，产权具有模糊性。该模式下，中介组织可能发生越位行为，有时会代替农户做出一些决定。有的中介组织可能在农业产业化经营中进行了公共积累，而这部分资本或资金却没有明晰到农户头上；有的中介组织甚至没有制定明确的、稳定的分配方案。这些因素使得这一模式中的产权关系不够清晰，中介组织可能侵占部分公共产权，合作组织的发展也将受到影响。

（三）合作社一体化模式

合作社一体化模式是指由农民成立合作社，在合作社发展壮大后成立实体来加工、销售合作社内部成员（和外部成员）生产的农产品，从而实现农业生产的产加销和农工贸一体化经营。这种模式对合作社的投资、管理能力要求很高。

合作社一体化模式具有以下特征：

第一，企业、合作社及其成员利益具有高度一致性。合作社的开放性保证了合作社内部成员具有高度的利益一致性，否则，如果利益有冲突，社员就可能选择“用脚投票”的方式退出合作社。同时，企业在产权上归属合作社，合作社既是企业的股东也是企业的管理者，农户、社员、经营者和股东实现“四位一体”，这在很大程度上保证了企业与合作社利益的一致性。

第二，合作社一体化模式下的合作社是完全垂直一体化的组织。合作社内部的科层管理结构代替了产品交易市场，市场交易成本大部分也随之转化为内部管理成本。在这种模式之下，农资的购买、耕地的规划以及农产品的生产、加工和销售都由合作社统一管理。产业链条上的每一个环节都属于同一主体，这也降低了管理、监督成本。

第三，合作社成员之间，合作社与企业之间具有均衡的博弈关系。从合作社的内部结构来看，社员之间是平等的合作关系，他们之间的博弈能力相当，不会出现“一边倒”的趋势。虽然合作社大多由经济实力较强的生产大户或政治权威较高的基层干部发起并担当主要职务，但合作社的决策机制在很大程度上制约了这种博弈能力的悬殊，否则农户就会选择退出合作社。从合作社与企业的关系来看，二者属于股东与经营者的关系，在现代公司治理结构得到合理运用的情况下，会呈现出比较均衡的博弈关系。

第四，合作社一体化模式下产权明晰。在合作社一体化模式下，各主体之间的产权关系是明确的，合作社成员在合作社中具有明晰的股份，他们按照规定的方案分红。企业作为一级独立法人也具有明晰的产权关系，合作社只能以股东的身份通过规范的公司治理程序对企业进行控制，而不能直接侵犯企业的产权。

二、三种农民合作经济组织模式绩效评价比较和演化路径

（一）绩效评价与比较

龙头企业带动型模式有利于发挥企业在资金、技术、管理和市场信息等方面的优势，从而加速农业现代化。龙头企业具有较为雄厚的资金实力，在农产品生产基地建设以及农产品加工、包装和销售等方面都可以投入大量资金。它们还可以将先进的种养技术、机器设备引入农产品生产，从而加快农业的科技化进程，提高农业机械化水平。龙头企业也可以将成熟的现代经营管理理念引入产业化经营，并让农户有机会学习这些先进的理念。但是，在这种模式下龙头企业占据绝对优势地位，比农户具有更强的博弈能力，而由于农民缺乏谈判能力，企业会倾向于压低农产品的协议价格，这就导致农民能够分享到的农产品加工、销售利润极为有限。由于契约的不完全性和信息的不对称性，企业和农户都可能发生机会主义行为。因而，当市场价格变动较大时，企业和农户都不得不投入大量的人力、物力进行监督，这必然会增加内部交易成本。

中介组织联动型模式在某种程度上克服了龙头企业带动型模式中产业化组织内部交易成本过高的弊端，有利于防止企业和农户毁约行为的发生。中介组织成为这一模式的核心部分，并在其中发挥着重要的协调作用。中介组织的出现使得企业与农户之间信息的不对称性有所降低，他们所签订契约的不完全性有所减弱，农业产业化组织的内部交易成本有所减少。但是，这种模式引入了委托代理关系，使得契约关系更为复杂，中介组织目标和利益多元化使得企业与农户之间的博弈关系更为复杂和不稳定，农户的利益在很大程度上受中介组织所左右。另外，中介组织拥有农户的部分决策权，这一方面虽然可以降低整个产业化组织的内部交易成本，但另一方面也可能导致组织发生异化，出现龙头企业和中介组织联合起来共同侵占农户利益的局面。

合作社一体化模式实现了完全的垂直一体化经营，农户的利益与目标具有高度一致性，农户之间、合作社与下属企业之间具有均衡的博弈地位。这不仅有效降低了市场交易成本，而且产业化组织的内部交易成本也比较低。农户、社员、经营者和股东“四位一体”的身份，使得合作社一体化模式中各利益主体之间能形成稳定的博弈均衡，各利益主体受到的激励也很强，从而可能产生较高的经济绩效。所以从制度上看，合作社一体化模式是三种模式中较为完善的组织模式。但是，由于缺乏实力强劲的龙头企业带动，这一模式易受到诸如资金、技术、管理能力、销售渠道等因素的制约。另外，当合作社经营规模扩大到一定程度的时候，不仅会出现融资困难、资金不足的瓶颈，而且科层管理结构复杂化，也使得组织内部的交易成本不断增加。

（二）农民合作经济组织模式的内在演化路径

以上三种农民合作经济组织模式同时存在于中国农民组织化过程之中，并表现出一定的阶段性特征。从总体上来看，农民合作经济组织模式的发展和农民组织化过程大体上是一致的，因而，可以从农民合作组织模式演进的角度对农民组织化的发展阶段进行划分。从理论上，我们可以将农民组织化进程划分为初始、成长、成熟、完善四个阶段。在初始阶段，众多农户处于分散的无序竞争状态，农民合作经济组织名存实亡；在成长阶段，龙头企业开始介入农业产业链条并成为其中的关键环节，企业通过与农户签订合同和订单的方式让农户按照企业的要求进行生产；在成熟阶段，中介组织成为企业和农户经营一体化的桥梁和纽带，龙头企业和农户之间建立更为紧密的利益关联；在完善阶段，企业、中介与农户之间的界限进一步淡化，各利益主体呈现出一体化的趋势。

从前面的论述中，我们还可以看出这三种模式之间存在着内在演化关系。在龙头企业带动型模式下契约执行成本和监督成本巨大而且农民的利益难以保障，在此情况下，企业要求降低交易成本，农户要求维护自身利益，这样根据双方需要引入第三方——中介组织。当农民组织化水平提高到一定程度时，中介组织联动型模式便出现了。但中介组织联动型模式是比较松散的组织结构，不仅无法真正有效地降低内部交易成本，而且中介组织还容易异化为企业的代言人，从而不能切实保障农民的利益。这些内在矛盾的激化最终使得中介组织联动型模式沿着两种路径演化：一种可能是中介组织强化为农民合作社，进而演化成为合作社一体化模式；另一种可能是中介组织弱化并退出农民合作组织，同时，龙头企业通过“反租倒包”和吸纳农户入股等方式而形成农工商综合体模式。

农工商综合体模式是指将农业生产本身同农用生产资料的生产和供应或农产品的加工、销售过程中若干环节，纳入统一经营，融入一个企业综合体，实行统一核算，形成完全垂直一体化的综合经营。这种模式主要是通过工商企业渗透到农业中通过租种或者吸纳土地入股的方式来实现的。农工商综合体模式与合作社一体化模式同属于农民合作组织发展的第四阶段——完善阶段，但其现实的范围和影响远不及合作社一体化模式，只有合作社一体化模式才代表着当下中国农民组织化发展的主要方向，故本书没有将农工商综合体模式作为中国农民合作经济组织的一种独立模式。

农民合作经济组织模式的演化逻辑结构如图6-1[①]所示。

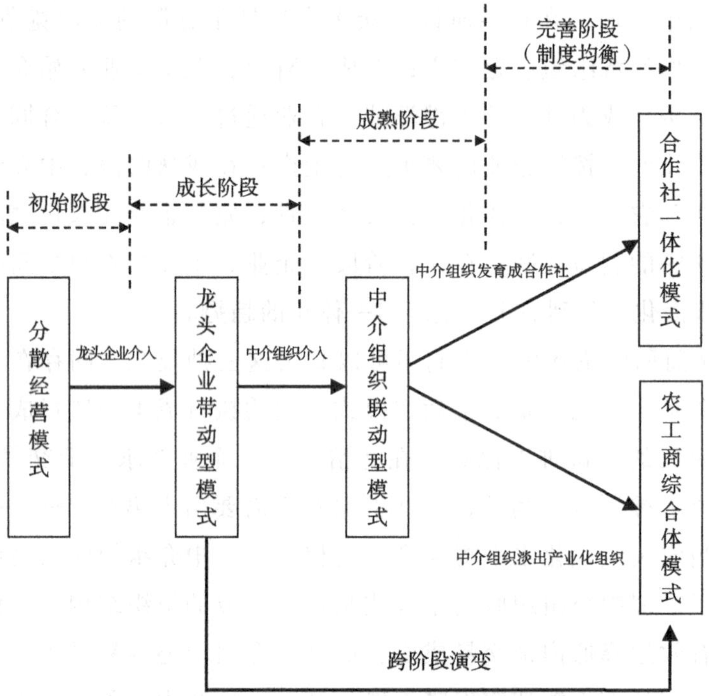

图6-1　农民合作经济组织模式的演化逻辑结构示意

通过以上对龙头企业带动型、中介组织联动型和合作社一体化三种农民合作经济组织模式的演化路径分析，我们可以得出以下几点结论：

第一，从模式绩效的角度来看，中介组织联动型模式优于龙头企业带动型模式，合作社一体化模式优于中介组织联动型模式，合作社一体化模式是最优的组织模式。

第二，从模式演化的角度来看，农民合作经济组织模式呈现出由龙头企业带动型模式向中介组织联动型模式再向合作社一体化模式逐渐演进的过程。可以预见，随着社会经济的不断发展和进步，

① 郭晓鸣，廖祖君，付娆.龙头企业带动型、中介组织联动型和合作社一体化三种农业产业化模式的比较——基于制度经济学视角的分析[J].中国农村经济，2007(4)：46.

农民合作经济组织模式将最终演变为合作社一体化模式。

第三，从模式适应的角度来看，龙头企业带动型模式与农民组织化成长阶段相适应，中介组织联动型模式与农民组织化成熟阶段相适应，而合作社一体化模式主要与农民组织化完善阶段相适应。一般来说，超前或者滞后于农民组织化发展阶段的组织模式都难以获得较高的经济效益。目前，中国大部分地区农民组织化处于成长阶段，龙头企业带动型模式还占据主导地位。

三、现阶段农业微观经济组织的发展特点

（一）发展模式以“民办官助”为主

中国农民合作经济组织是基于农户对信息、技术、销售渠道等的需求而产生的，其发展首先体现为民间或者群众团体创建，充分尊重农民的自主性、创造性，坚持民办性质。但是单靠农民自己的力量办合作经济组织，有许多困难。因此，在合作经济组织的起步阶段，需要政府的正确引导、扶持和保护。目前，中国各级政府在信息、税收、金融、财政、技术等方面都给予合作经济组织很多优惠政策，并且根据不同地区的具体情形建立起了多种类型的合作经济组织。越来越多的农民按照自己的意愿以及在“民办、民管、民受益”原则的指导下，加入合作经济组织。

（二）合作领域日趋广泛

中国现阶段的农业合作经济呈现出从初步性联合到实质性合作的巨大跨度，包含着不同形式、不同发展水平、不同载体、不同功能的合作经济组织，涉及的领域越来越广泛，已经从蔬菜、瓜果等种植业扩展到养殖、旅游、农机、水电、科技服务等各个行业，合作的深度也从单纯的生产环节扩展到生产、加工、销售全过程。很多合作经济组织开始进行兼业经营，不同领域的合作经济组织不断

出现，而且综合性合作经济组织实力也在不断增强，跨地区、国际性的合作经济组织开始形成。专业合作社之间逐步走向联合，部分地区通过合作社之间的联合，组建了专业合作社联合社等合作经济组织，代理各专业合作社的特色产品，实行统一管理、共同经营，大大提高了农民合作经济组织的运行效率，增加了社员收益。

（三）组织的地区性发展不均衡

影响农民合作经济组织发展质量的主要因素是地区的经济发展水平。许多地区经济发展速度快、成果多，这是当地丰富的自然资源、优秀的人力资源、良好的经济传统，以及当地政府引导和配合经济发展综合作用的结果，而这些也恰是各地发展农民合作经济组织所需的良好基础。中国幅员辽阔，地区间的农业生产水平、市场经济体制完善程度、农村人力资源水平、地方及基层政府执政能力等各项指标的差异较大，因此，农民合作经济组织的发展存在明显的地域特色。中国当前大部分农民合作经济组织集中在沿海地区和有合作基础的省份，如东中部地区农民合作经济组织化进程起步早、发展速度比较快、水平比较高，比较成熟的农民合作经济组织集中于广东、浙江、山东等地区，而在西部等欠发达地区，农民合作经济组织多处于初级组织化状态。这是由于东中部地区经济发达，市场化程度高，市场竞争激烈，为适应市场发展，增强抵御市场风险的能力，提高竞争力，农户必须联合起来组成专业的合作组织。合作组织为会员提供市场、生产、技术、销售等方面的信息，使生产更有计划性，销售更有组织性，这样才能更好地适应市场发展，增强抵御市场风险的能力。依此理论看，经济欠发达的西部，应该更迫切地需要成立合作组织来解决单个农户难以解决的事务，但事实上，由于市场化程度较低，这些地区的农业生产仍比较传统。由于受公共基础设施等的限制，跨区域的大宗买卖很少，有的地区几乎没有农民合作经济组织。

四、现阶段农业微观经济组织发展过程中存在的问题

（一）农户自身的问题

农户是传统农业社会最基本、最主要的微观经济组织形式，是传统农业社会的基础。但当代中国农户经济在全面转向市场经济体制时表现出一系列的问题，突出表现为：农民的生产是自给性的，生产活动普遍具有自然经济色彩，他们市场意识缺乏，小生产与大市场的矛盾突出，单个农户无法很好地实现与市场的有效对接，交易成本高；由于信息不对称带来的生产盲目性和趋同性，产品同质化现象严重，最终导致农产品价格低；单个农户的资本积累能力和投资能力十分有限，导致农业生产资金投入匮乏。

（二）农业微观经济组织本身的问题

1.组织名称不统一

目前，农民合作经济组织在名称上极不统一，有农民协会、产业化经营组织、农民技术协会、专业协会等。不规范、不统一的名称不利于人们把握这些组织的性质，也使得政府相关优惠政策难以有效落实。

2.决策机制不健全，运作和管理随意性较大

民主管理是合作经济组织的重要原则之一。目前大多数农民合作经济组织虽然建立了理事会、社员大会和监事会，但日常运作主要还是少数人说了算，科学性和民主性不够。在很多专业合作经济组织中，其成员客观上分为“核心成员”和“普通成员”两部分。核心成员往往也是合作组织的发起者、领导者和大股东，他们无论是在最初的产权建构、制度设计上，还是在日常管理决策中都拥有突出的影响力。在实际运作中，“一人一票”的决策机制几乎不起作用，通常是核心成员起关键作用，这与专业合作经济组织的民主管

理原则是相违背的。

3.利益分配不规范

农民合作经济组织是一个由多人共同拥有所有权的企业组织形式，共同利益是农民合作经济组织生存和发展的基础。但是农民合作经济组织成员的异质性，使得各成员之间在利益分配上的博弈非常激烈，甚至会危及合作社的稳定。如领办者或专业大户可能更希望按出资比例分成，而一般社员则希望从产品惠顾中获得更多的盈余返还。

（三）市场竞争力问题

从总体上来说，目前农民合作经济组织发展仍然不够成熟，规模相对较小，实力相对较弱，市场竞争力还不够强。具体表现在：第一，资金规模相对较小。在现有的各种市场经济主体中，农民合作经济组织的资金规模属于低水平。第二，合作组织数量少。现有的农民合作经济组织数量相对较少，参与农民合作经济组织的农户也只占少数。第三，农民合作经济组织的凝聚力弱。由于有些农民合作经济组织内部治理结构不完善、运行机制不健全、利益分配不规范等原因，导致农民合作经济组织吸引力不强，组织凝聚力较弱。

第七章　中外农业微观经济组织模式比较分析

一、西方发达国家农业微观经济组织模式及比较

（一）西方发达国家农业微观经济组织的主要模式

西方发达国家的农业微观经济组织模式一般比较灵活，除了像日本这样的个别国家把农业服务主要归于一个统一的组织以外，其他国家的农业微观经济组织模式都是灵活多样的。无论美国、日本、法国、荷兰等国家的农业微观经济组织模式叫法如何不同，但综合来看，不外乎三种形式：农工商综合体、合同制一体化模式和合作社模式。

1.农工商综合体

农工商综合体又被称为农工联合企业，是指把农业生产本身同农用生产资料的生产和供应，或农产品的加工、销售过程的若干环节，置于一个企业的领导之下，实行统一核算，组成完全垂直一体化的农业微观经济组织模式。这种模式主要是由私人工商企业通过购买或者租种土地兴办农场，雇佣管理专家和工人从事农牧业生产，在综合一体化的经营基础上，由一个企业对几个相互连接的生产环节进行管理和协调，实行类似流水作业的工作程序。

这种模式有以下特点：第一，公司把所有的产前、产后部门和农业生产有机地结合在一起，形成产供销一条龙、工厂式的农业企业，省去了许多中间环节，从而加快了农产品投入加工和投放市场的速度；第二，农工商综合体的规模比较大，实行一元化领导，建立有庞大的销售集团和网络，从而减少了各环节之间的交易费用；第三，公司所有制单一，指挥管理统一，所有子公司的利润都归母公司所有，即使有的子公司亏损，母公司也会盈利。

这种类型的工商企业一般有两种情况：一种是私人工商企业直接投资开办的，它们多借助于大工商企业雄厚的资金和技术力量开展经营，一般具有先进的内部分工和管理制度，完全按照现代企业的运作方式来发展农业合作经济。这种类型的组织一般选择在受土地条件约束小的养殖业和以农产品加工为主的行业来实施产业化经营，如建立大型的专业化养禽工厂、养猪工厂等。这种类型的组织数量并不多，但对一国经济的发展起着重要的作用。另一种是委托控股型的农工商综合体，它们由工业、商业、金融和农业企业以相互控股投资的形式组成农业联合企业，这种模式在法国比较盛行。这种模式下，工商企业通过对农业企业投资、参股，从事农业产前、产后经营，按股分红，如机械厂、现代化的屠宰厂、冷藏站等。这种互相控股的联合企业在经济上是完全一体化的，它使联合体在整个生产和供应循环过程中科学地进行劳动分工，以带来巨大的经济效益。法国国有矿化公司所组织的联合体便是这种模式，它联合有工矿企业、商业运输公司、银行、服务公司等共50多家及400多个农业合作社，经营范围从农产品的加工、采购、贮运、销售出口到矿山、化肥、农药、机器制造等，在法国、比利时、加拿大、刚果等地都设有分公司。这种控股公司的主要特点是：进行跨地区、跨行业的相互渗透式的联合经营，使资本和技术配置更加合理，以扩大企业规模、增强市场竞争力①。

①张岳恒，黄仕勇.法国农业产业化经营的主要模式与经验[J].南方农村，2000(1)：51-52.

2. 合同制一体化模式

合同制一体化模式是由工商企业和农场主签订合同，明确双方的责任与义务，将产、供、加联合成为一个有机整体的农业微观经济组织模式。这种模式实质上是一种合同制联合企业，是一种不完全的一体化经营模式。通过签订合同，工商企业负责向农场主供应农用物资，提供技术服务，保证农产品加工和销售顺利进行；农场主必须进行专业化经营，按时、按质、按量地提供农产品。双方签订合同后，必须严格遵守，如有违反，必须承担经济上和法律上的责任。但农场主与企业双方又具有经济上和法律上的独立性，所以能够发挥各自的经营灵活性，同时由于建立了严格的经济责任和稳定的业务往来关系，这保障了双方的业务开展和运行。

这种组织模式有以下基本特点：一是农场和工商企业独立经营，他们之间的合作以经济合同为纽带，实行行业间的规模经营，追求规模效益；二是强调专业化生产，以提高劳动效率、产品质量和经济效益。

这种模式主要分布在专业化、集约化、商品化程度较高的养殖、牛奶、果蔬等相关生产加工部门，这与其产品的自身特点有关。因为这些产品需要及时进行分割、加工、冷藏与销售，没有整体合作是不行的。由于果蔬是易腐烂和运输不便的农产品，农场需快速向市场供货，这样才能保证消费者对这类产品新鲜和质量的要求，所以在蔬菜水果类的生产加工行业中合同制一体化模式发展很快。20世纪末，在美国，甘蔗等糖料作物生产采用这种模式的几乎达100%，蔬菜生产达95%，水果等行业也占较大比重；在畜牧业方面，全行业采取这种模式的约占1/3，其中牛奶生产达98%，肉鸡生产达90%[①]。

3. 合作社模式

1995年国际合作社联盟第31届代表大会对合作社给出的权威定义是：合作社是人们自愿联合组成的自治性组织，通过共同所有和

① 张岳恒，饶本勇. 美国农业产业化经营的主要模式与经验[J]. 南方农村，1999(6)：49-51.

民主控制的企业来满足社员经济、社会和文化方面共同的需求和渴望。合作社作为农业一体化的组织模式，其根本宗旨就是为社员提供服务；其主要特点就是农民自愿平等联合，与合作社组成产、供、销三个领域的完整一体化。农民加入合作社的主要目的不是为了分红，而是为了享受合作化提供的服务，满足自己的经济和社会需要。

作为农民的自治组织，合作社在西方发达国家得到普遍推广。虽然各国农业合作社发展的背景和途径各不相同，但大体上可以分为三种具有代表性的类型：一是以法国为代表的专业农业合作社，其主要特征是专业性强，即以某一产品或某种功能为对象组成合作社，规模一般比较大，德国、意大利农民合作经济组织也属于这一类型；二是以日本为代表的综合性农业合作社，其主要特征是以综合性为主、专业性为辅，相比之下，综合农业合作社的销售额远远超过专业农业合作社，韩国、印度、泰国农民合作经济组织也属于这一类型；三是以美国为代表的跨区域农业合作社，其主要特征是跨区域合作与联合，以共同销售为主，加拿大农民合作经济组织也属于这一类型。

（1）以法国为代表的专业农业合作社。

法国是农业合作社的发源地，19世纪80年代，法国农场主开始以各种形式组织起来，以保护自己的经济利益，并于1888年成立了第一个农业合作社——夏埃奶业合作社。经过100多年的发展，法国农业合作社的规模逐步扩大，为社员提供的服务也从最初的技术、采购、销售，扩展到产前、产中、产后各阶段，甚至包括农民生活的各个方面。根据法国农业部的统计，1994年，法国共有13000多个农业服务合作社，3800个合作社性质的工商企业，营业额超过4000亿法郎，其中出口额400亿法郎，职工12万多人。合作社既分布于农业生产的各个部门，又分布于农业生产的各个环节[①]。

农业合作社在法国十分普遍，每10个农场主中就有9个是农业合作社的成员。法国农民多数自愿加入各种法定的合作组织。合作

①李先德.法国农业合作社[J].世界农业,1999(3):44-46.

社是法国农业产业化组织最主要的模式，可以说，法国农业成功的重要因素也在于此。

从农业合作社的活动类型来看，法国农业合作社功能主要集中在三个方面：一是农产品收购、加工、销售，合作社组织收购其成员生产的农产品，然后进行农产品的加工和销售；二是农业生产的物资供应，合作社负责购买农用生产资料，如种子、农药、肥料、农业机械、饲料等，然后销售给合作社的成员；三是农业生产服务，合作社向社员提供各项服务，如试验、储存、生产咨询等。

法国农业合作社有三个显著的特点：

第一，法国的农业合作社专业性很强。例如，共同使用农业机械合作社和人工授精合作社就是两个专门的农业合作社。共同使用农业机械合作社是由几个或几十个（最少要有四个）经营农场共同组织起来的合作社，他们共同购买和使用农业生产各环节所需的机械（如拖拉机、收割机）以及农产品加工的机器设备。人工授精合作社则是法国畜牧业中专门从事动物人工授精的特殊合作社。

第二，法国的农业合作社建立在家庭农场基础之上。农户对家庭农场有着完全的私有权和经营权。合作社的职能仅限于提供服务和援助，对农场没有领导和管制的权利。家庭农场与合作社的合作是一种双层结构的合作：一方面，农民保持着对农场的私有权和独立自主的经营权，农场是一个自负盈亏的独立经济单位；另一方面，农民根据自己的需要，选择领域和农场主合作。合作社也是一个相对独立的经济单位，农场和合作社之间，在法律和经济上都是平等的关系。合作社和家庭农场这种相互独立又相互结合的双层结构，具有进一步稳定和巩固私有制家庭农场的作用。

第三，法国农业合作社多分布在流通领域。这种流通领域的合作社，可以使家庭农场保持独立生产的积极性和创造性，还可以使其集中精力改善和发展生产。这种合作社有利于减少农产品中间流通环节，加速流通过程，从而降低农产品流通成本，还可以使家庭农场及时获得市场信息反馈，节约在供销等方面的人力、财力。此外，合作社把市场因素引入农场，突破了农场的地域限制，扩大了农场同市场的联系，加强了市场对农场的刺激作用。合作社还从市场销售角度，改善农场经营管理，改良产品品种、规格和质量，并提供最好的技术援助。

（2）以日本为代表的综合性农业合作社。

日本农协是“农业协同组合”的简称，它是根据日本政府1947年颁布的《农业协同组合法》建立，以协同组合主义思想为基础，由农户和非农户自愿入股参加的农民自己的合作经济组织。农协在其发展历程中规模不断壮大，在提高农民的组织化程度、保护农民利益、增加农民收入等方面发挥了巨大作用。同时，农协还代表农民与政府对话，反映农民的意愿和争取农民的合法权益，以此来提高农民的社会经济地位和影响力。

日本农协制度之所以取得成功，与其自身的特点是密不可分的。其特点综合起来有以下几点：

第一，组织的严密性。日本农协采取三级组织体系，即分为中央农协、县级（相当于中国的省级）农协和基层农协。基层农协是以市、町、村等行政区域为单位组织起来的，称为“单位农协”；以“单位农协”为团体会员组成都、道、府、县一级或相当于这一级的组织；以都、道、府、县一级组织为会员构成全国一级的组织。每一级农协组织都与同级行政组织关系密切。日本农协组织系统如图7-1[①]所示。

①严英龙，赵步生.日本的农协及其对我国农业产业化经营的启示[J].世界经济与政治论坛，2000(3)：52.

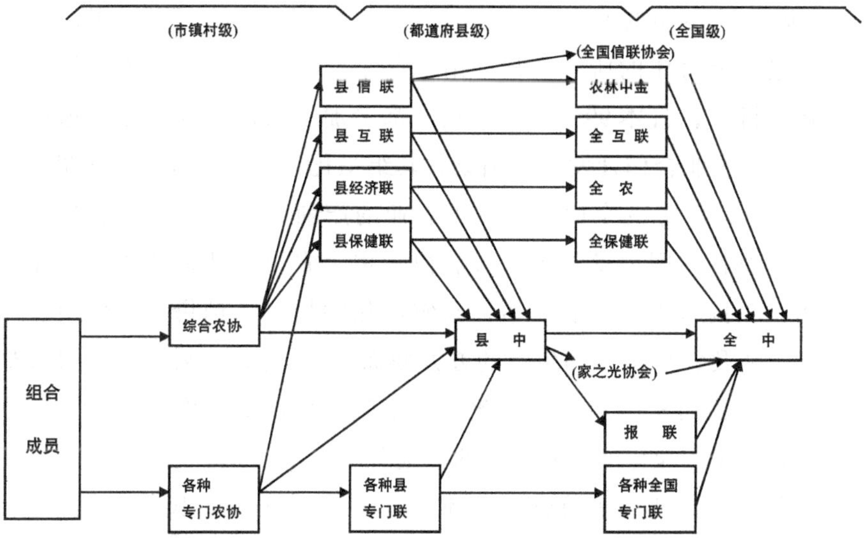

注:箭头表示主要的业务联系。

图7-1　日本农协系统示意图

日本农协各团体的正式名称如表7-1①所示。

表7-1　日本农协各团体的正式名称

团体	正式名称
县信联	县信用农业协同组合联合会
县互联	县互助农业协同组合联合会
县经济联	县经济农业协同组合联合会
县保健联	县保健福利农业协同组合联合会
县中	县农业协同组合中央会
农林中金	农林中央金库
全互联	全国互助农业协同组合联合会
全农	全国农业协同组合联合会
全保健联	全国保健福利农业协同组合联合会
全中	全国农业协同组合中央会
报联	全国报纸信息农业协同组合联合会

① 严英龙,赵步生.日本的农协及其对我国农业产业化经营的启示[J].世界经济与政治论坛,2000(3):52.

第二，参加的普遍性。日本每个村都有农协的基层组织，它们几乎把每个村庄的所有农户都组织起来，使农户与农协紧密结合在一起。目前，日本99%以上的农户都参加了农协，这一比例远远超过了欧美农业合作社发达的国家，其组织化程度在世界上是罕见的。

第三，服务的全面性。日本农业的产前、产中、产后服务及农民的其他各项服务基本由各级农协承担。农协所从事的主要事业包括从农业技术指导、农民培训到农产品的加工、销售再到信用、保险等，涉及农户生产和生活的方方面面。“另外，农协贷款一般占整个农业贷款的80%左右。因此，日本政府可以通过农协贷款来调节日本的农业产业化经营和农村的其他各项经济活动。”①

第四，管理的规范性。日本农协具有“民办、民管、民受益”的特点，它采用的是一人一票制的管理方式，以充分发挥成员的民主权利。为确保成员的主体地位和经济利益，日本每一个综合农协、每一个联合会甚至农协中的每一个部会都有各自的一套章程、规约、规程。虽然农协也吸收一些“准会员”，但是“准会员”只有参与权，没有选举权和被选举权，并且其利用农协各种业务设施的总额原则上不得超过社员利用总额的20%。这类合作社的主要特征是以综合性为主，韩国、印度、泰国等地的农民合作经济组织大体属于这一类型。日本也有专业性农协，但从经济实力和经营范围看，还是以综合性农协为主。

第五，身份的三重性。日本农协不同于欧美等国家的农民合作经济组织之处在于，它既是合作经济组织，又是行政辅助机构和政治压力团体。日本农协实际上是政府扶持的农业合作组织，带有一定官民合办的性质，是政府和农民联系的桥梁和纽带。日本农协不仅参与日本农业政策的制定，而且承担着政府农业政策的落实执行责任。日本农协甚至还作为政治压力团体，代表农民利益对政府政策施加影响。

---

①邹帆，江华．日本农业产业化经营模式及对我国的借鉴[J]．农业技术经济，2000(4)：62.

（3）以美国为代表的跨区域农业合作社。

这类合作社的主要特点是跨区域合作与联合，以共同销售为主。美国农业号称“农业世界冠军”。“合作社在美国农业生产中占有着举足轻重的地位，美国80%的加工农产品来源于合作社，70%的农产品出口来源于合作社，农民所使用的化肥和农药中44%来源于合作社，另外，农民得到的贷款中也有40%来源于合作社。”[①]美国合作社功能从发展销售，扩大到食品加工和供应，因此美国销售合作社较发达，且规模较大，在牛奶、水果、蔬菜等领域占有较大的市场份额，创造了不少国际驰名品牌。2007—2016年，美国农业合作社的总体发展特点是总量逐年下降，但总营业额持续增长。据相关调查数据显示，在2007—2016年，美国各种类型的农业合作社数量不断下降，但总营业额均不断增长。截至2016年，美国各种类型的农业合作社总计1953个，年均下降3%。农业合作社总营业额已经达到1911亿美元，年均增长5%。其中销售型合作社1040家，占总数的53.3%，总营业额年均增长3.2%；供应型合作社827家，占总数的42.3%，总营业额年均增长6.9%；服务型合作社86家，占总数的4.4%，总营业额年均增长3.7%[②]。

合作社在内部分工中，经理、专业人员属雇佣关系，每个合作社配备专职管理人员。政府对合作社的支持表现为立法和资金支持，主要是信贷，合作社既向政府贷款，同时也向银行贷款。合作社也交税，但计税基数很小，一般是先分配后再计税。

美国的农业合作经济组织主要有以下特点：

第一，以加工和流通领域的合作社居多。在美国，无论在历史上还是现在，农业生产合作社数量都很少，官方在制定合作社方面的政策法规时，也不涉及生产合作。而在农业生产资料供应和农产品销售、加工、储运等环节的服务上，合作社的活动则非常活跃。

① 李旭，李雪，宋宝辉．美国农业合作社发展的特点、经验及启示[J]．农业经济，2018(11)：9．

② 李旭，李雪，宋宝辉．美国农业合作社发展的特点、经验及启示[J]．农业经济，2018(11)：9–11．

合作社并没有改变家庭农场的经营地位，而主要是为农场主提供所需的服务。

第二，以专业合作社为主。美国合作社的专业化程度很高，一个合作社一般只围绕一种或几种农产品展开多种合作业务，如豆类合作社、棉花合作社、果菜合作社、粮油合作社、家禽合作社、稻谷合作社等。专业合作社的规模和业务量都很大，如美国加州的蓝钻种植者合作社，它拥有近3000名杏仁种植者社员，当地的种植者贡献了世界上80%的杏仁产量，而加州一半的杏仁种值者都是蓝钻的社员。蓝钻合作社产品销售覆盖了美国50多个州和海外90多个国家[①]。

第三，合作社实行产业化经营。美国没有“农业产业化”的提法，而是将其叫作农工商一体化经营。美国农业是一项现代化的产业，已经实现了产业化经营，主要表现在：农业生产的一些环节已经能够独立进行工业化生产，比如种子加工、饲料加工；一些农作物栽培和水产、畜禽养殖在人工室内环境下进行，实行了工厂化生产；几乎对所有农产品都进行不同程度的加工和包装，使之几倍乃至十几倍地增值，这增加了就业机会，提高了经济效益。农场主合作社联合的特性正好符合美国农业产业化经营的需要。美国的农业合作社大多实行农工贸一体化经营，实现了农业生产、加工、销售的有机结合，成为农户走向市场的重要依托。

第四，合作社跨行政区和社区建立，不受区域限制。根据经营范围和规模，可以将农场主合作社划分为当地合作社和区域性合作社。当地合作社常常是某个区域性合作社的基层社，服务范围相对较小。而区域性合作社，都是跨区域建立，跨区域经营。如总部设在伊州的格鲁玛克，就是一个区域性合作社，其为美国三个州以及加拿大安大略省的许多农场主提供生产资料供应、机耕、良种繁育服务。经过长期的优胜劣汰，现存的合作社经营管理能力较强，经济和技术实力也较雄厚，能够为农场主提供优质的配套服务。一些

① 王卿.蓝钻合作社:从平台到云的机会[J].商界(评论),2014(3):72-73.

大型的合作社已发展成为规模巨大的跨国集团，在北美乃至全世界都占有重要地位。

（二）西方发达国家农业微观经济组织模式的异同点

1.西方发达国家农业微观经济组织模式的相同点

通过以上分析，我们可以看出发达国家在发展农业微观经济组织的过程中有许多相同或相似之处，主要有以下几点：

第一，尊重农民意愿，坚持合作社原则。发达国家在发展合作经济组织的过程中都尊重农民意愿，坚持“民办、民管、民受益”的原则，农民有自主选择的权利。

第二，综合化趋势加强。二战前，许多国家的农民合作经济组织主要从事单一的农用生产资料集中购买以及农产品集中销售。二战后，特别是20世纪60年代以来，发达国家的农民合作经济组织大多朝着综合化的方向发展。从纵向来看，他们通过延伸产业链，把农业产前、产中、产后都连接起来；从横向来看，他们通过专业合作组织的合并与改组，形成综合化的组织模式，以提升合作组织自身的竞争力。日本的农协是典型代表，其源流是二战前功能单一的“同业组合”，如今已发展成为几乎无所不包的综合性农业组织。其他国家农民合作经济组织的综合化趋势也在不断加强。

第三，企业化倾向更加明显。由于市场竞争的激烈和合作经济组织规模的扩大，以及社员构成的变化，各国合作经济组织的企业化趋势越来越明显。在遵循国际通行的合作社基本原则的前提下，合作组织的规定开始具有企业化特征，如一人一票制与股权相结合，会员由不开放到逐步开放，以不以营利为目的到增强营利意识，不断扩大规模以追求更高的利润等，这些均为合作经济的发展注入新的活力。

2.西方发达国家农业微观经济组织模式的不同点

由于发达国家的国情不同以及农业发展状况差异较大，各国农业微观经济组织的发展模式也有许多不同点，归纳起来主要有：

第一，微观经济组织模式的多样化程度不同。美、法等国的农业产业化模式相对于日本的农业产业化模式来说更为多样化。在美、法等国农工商综合体模式、合同制一体化模式和合作社模式都比较常见，但以合同制一体化模式居多；而日本的农业产业化模式则相对单一，以农协为主。

第二，微观经济组织的规模不同。美国和法国都是农业大国，他们的农业微观经济组织规模比日本的规模大。由于日本人多地少，农户在农协的组织下，以小规模经营为主。但是，日本的农民组织化程度最高，几乎达到了百分之百，这是世界上少有的。

第三，微观经济组织的专业化程度不同。美、法等国的合作社常以按农作物种类或按职能加以组织的专业合作社为主体，一个合作社一般只围绕一种或几种农产品的生产、加工和销售开展合作业务；而日本农协是一个具有高度综合性的组织模式，从事生产、加工、销售以及信用、保险、培训等几乎所有与农业有关的事务，甚至包括管理农协成员的生活。因此，与其他国家的自营农民相比，日本的农户缺乏独立自主性。

第四，微观经济组织服务的领域不同。美国的合作社专门针对生产领域的较少，其原因是：农业生产合作社的特点是土地和劳动力的联合，而美国农场的规模已经很大，再实行土地联合就会出现农场规模过大的问题，这会造成管理上的不便和人力、物力上的浪费，反而会降低劳动生产率。日本则以生产合作社为主，这是因为日本人多地少，发展生产合作社，可以防止农协成员的过剩投资，使生产过程更合理，节约流通费用。而在法国、德国，最多最成功的则是流通领域的合作社。

第五，微观经济组织与政府联系的紧密程度不同。欧美等发达国家的农民合作组织主要是经济组织，而日本的农协是一种“三位一体”的组织，即日本农协既是经济组织，又是行政辅助机构和政治压力团体，具有半官半民性质，因此，日本政府与农协的联系更为紧密。

二、西方发达国家农业微观经济组织的发展趋势

农业现代化先行国家和地区的农业微观经济组织变迁，既表现出基于农业产业特征的共同性，也体现出因不同历史、文化和资源禀赋而展现出来的差异性。随着经济市场化、国际化和农业现代化程度的提高，不同国家和地区的农业微观经济组织演变又呈现出新的趋势。

（一）农业微观经济组织发展的企业化趋势

农业产业化的微观基础和表现形式是农业企业化，农业产业化的过程就是农业企业化的过程。随着经济的发展和市场竞争的加剧，很多传统意义上的企业组织在农业领域获得了很大的发展空间，它们直接进入农业领域或者通过垂直一体化模式参与农业经营。家庭经营组织、合作经济组织的组织形态也在发生变化，呈现出明显的企业化发展特征。新一代合作社与传统合作社已经有了本质区别，它们与普通股份制企业更为接近，可以说，合作社企业化是当前世界各发达国家农民合作社发展的一个潮流，它们呈现出利益最大化的价值趋向。合作社企业化的意义在于把合作社建设成为一种特殊的企业，一种由农民自己拥有并控制，为农民自己服务的企业。这种形式的企业比传统的合作社对农民更具有吸引力，比纯营利性企业能更好地为农民服务和维护农民利益。以美国为例，其企业农场的迅速发展是农业微观经济组织企业化发展的重要表现。

（二）农业微观经济组织发展的专业化趋势

分工专业化的发展将促进经济增长，其经济利益是显见的，因此不同国家和地区农业微观经济组织纷纷朝专业化方向发展。一方面，家庭农场、农民合作社、农业企业等，纷纷将经营范围或领域聚焦于特定的产品或生产环节。比如，美国把全国分为10个“农业

生产区域”，每个区域主要生产一两种农产品。北部平原是小麦带，中部平原是玉米带，南部平原和西部山区主要饲养牛、羊，五大湖地区主要生产乳品，太平洋沿岸地区盛产水果和蔬菜。美国的家庭农场结合农业区域布局，往往也只从事一两种农作物的生产，如有的农场专门种植大田作物，有的专门种植蔬菜或水果，有的专门饲养牲畜或家禽。美国农业的产前、产中、产后服务体系日益完善，大大促进了家庭农场生产经营的专业化发展。美国专业协会大都围绕特定产品组建，大多合作社也围绕特定产品或生产环节提供服务。法国到20世纪70年代，半数以上的农场开始专业化经营，大大提高了农业效益①。另一方面，很多国家农业组织内部也开始借鉴现代企业管理制度的成熟经验，加强组织内部管理。比如，一些农民合作社采取所有权与经营权相分离，引入职业经理人来帮助他们进行经营管理，从而加强组织内部的分工，提升组织的专业化水平，进而使生产效率得到提高。

（三）农业微观经济组织发展的多元化趋势

农业微观经济组织发展不是用某一种经济组织形式去替代另一种经济组织形式，而是如何实现多种经济组织形式共生、共利，有效运行。从总体上看，随着经济社会发展和对传统农业经营模式的改造，农业微观经济组织形态日趋多元化。农业市场化、国际化也推动着农业微观经济组织形式的多元化进程。在农户家庭经营这一基础上，西方许多国家产生了类型多样的合作经济组织和企业组织，而且即便是同一类型的组织，其内部也呈现多元化发展趋势。以农业合作经济组织为例，既有普遍采用的农民专业合作社模式，也有诸如日本农协这样的综合性农业组织模式；既有传统的以农业生产为核心的合作组织，也有将业务领域拓展到供销、加工乃至信用合作等业务的合作组织。农业微观经济组织形式多元化是与市场连接

① 戴孝悌.产业链视域中的法国农业产业发展经验及其启示[J].江苏农业科学，2012(9)：387-390.

在一起的，已经产生了的经济组织形式和今后创新的经济组织形式都将有各自的生存和发展空间。

（四）农业微观经济组织发展的高端化趋势

一方面，各类组织之间的联系越来越紧密，不同组织之间通过横向一体化、纵向一体化等形式联系起来。如家庭农场加入合作经济组织，农民合作社创办企业，涉农企业创办或加入合作社，这样各种组织之间形成一种“你中有我，我中有你”的合作形式，优势互补、相互渗透，因利益关系而形成紧密或相对独立的利益联合体。另一方面，不同组织之间的关系，已经由产品的加工、销售、技术扶持、物资供应等初级合作模式，逐步拓展到交叉持股等类似的高级合作模式。农业组织结构日趋复杂化、高端化，组织的创新也日趋活跃。

三、中外农业微观经济组织模式的比较

（一）中外农业微观经济组织模式的共性

1.发展的一般规律相同

任何事物都要经历从低级到高级的发展过程，农业微观经济组织的发展也遵循了这个一般规律。中外农业微观经济组织的发展一般都经历以下三个阶段：

第一阶段：初始阶段。这一时期，农业微观经济组织在基层出现，一些工商企业开始涉足农业领域，农户自给自足的自然经济状态被打破，一部分农产品开始通过加工走向市场，农业逐步走向商品化道路。此外，由于农业生产技术不发达，专门为农业服务的微观经济组织水平都比较低。

第二阶段：发展阶段。随着市场经济的发展，投资农业领域的企业越来越多，农业生产的区域化、专业化开始形成，农业的商品

化和技术化逐步提高。在农村，非农生产逐步超过农业生产，成为农村的主导产业，农村的第三产业开始兴旺。真正从事农业生产的劳动力减少，农村社会分工比较明显，社会化服务体系也已经建立。产业化经营的网络开始普及全国，地区性的农业服务组织开始出现，农业微观经济组织模式的运行开始受到法律保障。

第三阶段：成熟阶段。农业微观经济组织走上规范化和制度化，各种全国性的农业技术协会、合作社联盟等一些为农业服务的组织已经建立，形成了比较完善的为农服务系统。国家对农业采取全面的保护，跨国农业企业出现，农民收入提高，城乡差别淡化甚至消失。西方发达国家的农业微观经济组织大都处于此阶段。

2.合作社在各国农业微观经济组织模式中都占有极其重要的地位

合作社是农民自愿联合、共同所有和民主管理的自治组织，参加合作社有利于维护农户的利益，所以在各国农业微观经济组织模式中，合作社模式都占有极其重要的地位。虽然中国目前合作社还没有发展成为农业微观经济组织的主要模式，但是正如上文所述，合作社模式的经济绩效是最优的，因此，合作社在中国有着强大的生命力，我们可以预见合作社将成为中国农业微观经济组织的主要模式。

（二）中外农业微观经济组织模式的差异

各国资源环境不同、生产要素结构不同、政治经济社会环境也不同，因此，农业微观经济组织模式各有特点。

1.农业中介组织发展程度不同

正确引导农民进入市场，提高农民的组织化程度，不仅是农民进入市场、驾驭市场的需要，也是政府对农民及其经济活动实施更为有效的组织和管理，从而加强政府对农业宏观调控的需要。欧美和日本的产业化模式成为农民进入市场的有效途径，各种合作社和服务组织会向农民发布各种市场信息，农民基本上不用担心自己的产品销路。中国农业是建立在分散的个体农户经营基础上的，由于微观组织还没有发育成熟，还不能成为农民连接市场的有效中介。

2.服务组织机构能力不同

国外农业微观经济组织的服务机构大致分为三类：政府公共服务系统、合作社组织和私营机构，其中政府的服务组织影响最大，对其他两者起引导作用。具体来看，美国一体化服务系统包括政府的公共服务系统（如农业教育、科技推广体系、农场主家庭经营管理局等）、合作社组织机构（如农业信贷体系，农业供销、加工和科技服务合作社）和私人机构（包括垂直一体化的农工商综合体、信贷机构以及其他私人服务组织）。这些组织机构根据农业的需要调整其职能，对农业提供全方位的服务。法国的模式和美国类似。日本农业一体化服务由农协全方位提供，农协成为日本农村发展的主要力量，具有不可替代的作用。德国的农业服务体系由政府、私人企业和农户三方面组成，政府负责科技推广、创办农业院校，向农户提供信息和帮助，私人以个体企业形式经营某些生产资料和承担农机具的修理工作。中国的服务组织结构也由政府、企业、合作社组成，企业和合作社对农业的服务还处于发展阶段。

3.发展阶段不同

农业微观经济组织发展阶段不同，采取的组织模式就会有本质的区别。中国的农业合作经济发展仍有较大空间，所形成的组织模式是微观层次上的组织模式，以“龙头企业 + 农户”为主。具体表现为“四多四少”：一是低水平多，有较大辐射能力的龙头企业少；二是农产品粗加工多，精细加工的农产品少；三是一般产品多，特新名优产品少；四是企业与农户利益关系松散的多，紧密的少。中国大部分地区由于受资源、技术、资金、管理等因素限制，生产项目、产业结构不够多元化，产品销售渠道不够畅通。发达国家的农民合作经济组织大多已经由初级阶段进入高级阶段，形成了全国性的组织机构，如农会、农协、合作社联盟等，甚至跨国性的产业组织。这些宏观上的产业化组织对“公司+农户”等基层产业化组织和个人农业企业进行协调、整合、管理和调控①。

4.组织模式侧重点不同

目前，世界各国存在各种各样的产业化经营组织模式，各有自己的侧重点。比如美国，其法制比较健全，农场主和企业之间所签订的合同能够有效执行，所以在美国合同制的组织模式比较普遍，即使在合作社内部也大量存在着合同制经营。日本和韩国以农协的活动为主，其业务范围包括从产前的生产资料购买到产后的农产品销售。中国目前的农民合作经济组织模式是以“龙头企业+农户”为主。由于中国人均耕地比较少，农村劳动力存在剩余，劳动力转移较缓，农民不愿轻易转让自己的土地，农工商综合体的产业化模式在中国没有广阔前景。此外，合作社在中国发展比较晚，而且比较分散，目前还没有形成发达的合作社模式，但是其发展前景比较广阔。

四、中外农业微观经济组织模式存在差异的原因分析

（一）农业微观经济组织发展的背景不同

农业微观经济组织发展的背景不同是不同国家选择不同模式的前提条件。合作制的农业是商品农业，发达的市场经济是其健康成长的肥沃土壤。西方发达国家农业合作经济兴起于20世纪50年代，当时这些国家早已建立起开放的，国内统一、体系完备的市场，与此相关的各种法律制度也比较健全，商品经济高度发达，这些有助于企业降低风险，拓宽融资渠道。另外，由于西方国家市场服务体系和中介机构较为发达，销售渠道较为广阔，产品市场可以从国内扩展到国外。以上这些都为西方发达国家农民合作经济组织的产生和发展准备了良好条件。而中国直到20世纪90年代才逐步开始建立社会主义市场经济体制，而且当时市场还不是农业资源配置的主要

①张九.中国沿海发达地区农业现代化途径的探索[N].中国市场经济报,2001-02-08(11).

手段。另外，中国相关产业的联结不配套，还未形成良好的互动关系，农村社会化服务体系仍不健全，城乡二元结构等问题在客观上都制约着农民合作经济组织的发展和其经营模式的选择。

（二）农业微观经济组织生产条件不同

各国农业微观经济组织生产条件不同是其选择不同模式的客观原因。中外农业微观经济组织生产条件主要有以下不同点：

1. 自然条件不同

中国人多地少，14亿多人口户均耕地规模，仅相当于5亿多人口的欧盟的1/40、3亿多人口美国的1/400。因此，在中国，耕地是最为稀缺的资源。然而，近年来，耕地面积却不断减少，耕地抛荒的势头有所加剧。关于耕地抛荒，有的是“季节性抛荒”，如将双季稻改为单季稻，从而减少了同一面积的粮食产量。有的是“非粮化抛荒”，就是基于比较效益，将农地改种甘蔗、花卉等非粮经济作物。有的是“绝对抛荒”，主要是南方的山区和丘陵地带，由于人均耕地大多为几分地，难以维系农民的基本生存，大面积全年抛荒的耕地随处可见[①]。这也是农工商综合体模式在中国没有生存土壤的重要原因。现在世界发达国家的农场经营规模都很大，夫妇二人共同管理几千亩农场的现象很普遍。而中国是典型的超小型农业结构国家，与国外大型农场相比，中国的家庭农场仍有较大的发展空间。

2. 地区差异性很大

与许多发达国家以大规模农场经营为主不同，由于中国幅员辽阔，不同地区农业发展差异很大，具体表现为：第一，耕地规模差异大，如中国除东北和新疆等地区人均耕地较多，其他各省份人均耕地都较少；第二，中国南、北方种植的作物存在很大差异，最明显的就是北方旱作区和南方水稻耕作区的差异。因此，中国在选择农民合作经济组织时，不能拘泥于一种模式，要具体情况具体分析。

① 陈文胜. 耕地抛荒是一个什么问题？[J]. 中国乡村发现，2020(2)：94-97.

3. 农业科技投入不同

据统计，2017年，中国共投入研究与试验发展经费17606.1亿元，[①]投入强度已达到中等发达国家水平，其中农业研究与试验发展经费182.5881亿元，占研究与试验发展总经费的1.04%。[②]农业研究与试验发展经费增长较快，但与全国整体水平相比仍显落后。另外，据中国国家统计局统计，2016年农村劳动力中，初中及以下文化程度的占87.8%。[③]发达国家的农民平均受教育水平都很高：美国的农场主大多是各州立大学农学院的毕业生；西欧国家的农民除文化水平高外，还要经过专门培训，通过考试领取"绿色证书"后，才能成为农民；日本农民中大学毕业生占5.9%，高中毕业生占74.8%。[④]中国农业企业的技术装备水平也较落后，80%处于20世纪70—80年代的世界平均水平，15%左右处于20世纪90年代水平，只有5%左右达到国际先进水平[⑤]。

五、国外农业微观经济组织发展的主要经验

建设新型农村，是世界上所有国家实现由传统社会向现代社会转型的一个必经阶段和重要战略之一。在这一阶段的战略实施中，世界各国农业微观经济组织发挥了关键性且不可替代的巨大作用。尽管国家之间在社会、经济、政治和文化背景等方面存在的差异，影响着该国农业微观经济组织的形成和发展逻辑，但各国在农业微观经济组织发展方面仍有着共同的特征与趋势，采取了一些可以互相借鉴的措施。

---

① 国家统计局.2017年全国各地区研究与试验发展(R&D)排行榜[J].决策,2018(11):8.

② 赵淑芳.我国农业科技投入研究[J].科学管理研究,2019(3):123-127.

③ 黎丹.乡村振兴视域下农民教育发展研究[J].农业农村部管理干部学院学报,2020(3):61-65.

④ 陈华宁.国外农村人力资源开发模式及启示[J].国际经济合作,2009(3):57-61.

⑤ 申彩虹,田茹,张洁娟.对制约农业龙头企业发展因素的调查及对策取向[J].中国经贸导刊,2010(15):73.

（一）合理的合作原则

社员是合作社规范发展的根本动力所在，各国农民合作社在组建及发展中都坚持了合理合法的合作原则，诸如组建者与参与者法律地位平等、实行民主决策、限制资本报酬、惠顾返还等原则，这使得民主、平等成为合作社永恒不变的宗旨。

（二）为社员服务

为社员服务是合作社的出发点和落脚点。合作社作为一种生产经营的组织形式，本身的积累与建设并不是目的，社员是其基础，因此合作社的唯一目的是服务社员发展。合作社在市场竞争中要生存和发展，必须忠实于社员，并最大限度地满足社员需求。合作社主要是在社区和中小城市发展自己的网点，作为社区零售商来成功地开展合作社业务，它们最重要的目标就是为社员提供便利和优惠。另外，合作社银行的贷款利率普遍低于商业银行，对社员而言其存款利率又高于商业银行，因此很受农民社员欢迎。

（三）重视社员的教育培训

目前，世界各国政府都十分重视并加强对合作社社员的相关教育培训，以培养和造就自身发展所需人才队伍，提高合作社成员的整体素质，增强合作社内部的凝聚力，降低组织运行成本。加强社员的教育培训，对于合作社的发展乃至成功极其重要，甚至关乎合作社的生死存亡。倘若不坚持这种长期的教育培训及知识更新，合作社就会缺乏成长壮大的“营养”和动力，会面临失败的可能性[①]。

（四）适度扩大组织规模

规模经济是指由于生产规模的适度扩大，生产要素得到更合理

① 喻占元.国外发展农民合作组织的经验及其启示[J].世界农业，2009(10)：44-46.

的利用，达到平均成本的降低，进而获得更大的经济效益。农业合作社的主要功能是通过集体行动和规模效应，为农民谋取高增值水平和合理价格的福利[①]。很多学者认为，规模经济对于合作社来说至关重要，甚至是其发展的基本动因之一。在规模经济理论指导下，纵观各国合作经济组织，其发展共性是经济组织数量在不断减少而单位规模在不断扩大。面对激烈的国际竞争，各国合作社都加强与其他合作社之间的合作与联合，农业合作社的集团化发展趋势非常明显，其中最突出的是北欧合作社集团的成立。为了与国际零售连锁巨头ICA、AHOLD、家乐福、LIDL等竞争，瑞典、挪威和丹麦的消费合作社联合起来，成立了北欧合作社集团，将北欧三国合作社的多家连锁店铺、商场整合起来，成为北欧第15大企业。“2012年美国营业额大于5亿美元的农业合作社在数量上只占不到5 %，但其营业额占据全国总数的约2 / 3 。目前法国农业合作社2/3营业额是由10%的合作社创造的。”[②]并购重组是国外农业合作社面临环境变化与竞争加剧所采取的行动，其出发点在于使农业合作社获得更高的效率水平，目的是降低成本、增强实力，扩大企业经营的规模和范围，获得市场进入机会和更多的附加值，减少资金限制。从农业合作社的发展情况看，2012年美国总计有2238家农业合作社，相比2003年减少了800多家。2013年日本共有综合农协703家，相比1998年减少了1130家[③]。

（五）有力的法律保障和政策支持

发展农业合作经济组织需要政府的立法保护和政策支持，这是农业合作经济组织发展不可缺少的外部条件。发达国家一般都通过立法确立合作经济组织的法律地位，并制定相关优惠政策从财政、

---

① 黄祖辉，梁巧，吴彬，等.农业合作社的模式与启示：美国、荷兰和中国台湾的经验研究[M].杭州：浙江大学出版社，2014：97.

② 王万江，解安.国外农业合作社发展模式比较及启示[J].天津行政学院学报，2017(1)：83-84.

③ 王万江，解安.国外农业合作社发展模式比较及启示[J].天津行政学院学报，2017(1)：83.

信贷、税收等多个方面支持合作经济组织的发展。例如，美国密歇根州早在1865年就通过了首部承认并鼓励“合作购买和合作销售”的法律。其后，其他一些州也陆续开始制定与农民合作社相关的法律及法规。美国国会1914年通过了《雷顿补充法案》，1922年通过《凯波—沃尔斯蒂德法案》作为对《雷顿补充法案》的补充，1926年通过《合作社销售法》等，他们用法律对合作社予以保护。法国政府在1947年颁布的《合作社总章程》和1960年出台的《农业指导法》，为法国农业合作社的发展提供了遵循，使合作社权益保障更有效。日本在1947年颁布了《农业协同组合法》，并在20世纪60年代重新修订，这是日本农协稳定发展的前提和法律保障。还有德国的《合作社法》，匈牙利的《补偿法》《合作社法》《关于执行合作社法的暂行规定》等，这些法律对规范合作社的发展起到了重要作用。

各国政府也不断颁布优惠政策，给予农业合作社多种支持，鼓励散户农民联合起来组建成合作社。诸多国家政府认为，这并不仅仅是贯彻落实国家产业政策的必要举措，更是为了迎合世界农业发展的潮流。例如，美国政府为农民合作组织制定了有效的优惠政策：一是实行减免税制度，二是为农民合作组织的资金融通提供便利，同时加强合作社的培训教育工作[①]。法国政府在各种农业合作社初创时，给予它们投资津贴、低息贷款，免征工商、营业、地产等税种，扶持它们健康发展。日本政府为了支持农协的信用事业，先后出台了存款保险制度、农业灾害补偿制度、相互援助制度等信用保险制度，并通过农业投资、利息补贴、低息贷款发放等金融支持政策，助推农协信用事业发展。墨西哥把发展农业合作社作为重要的农业政策，对农业、农村的支持项目和投资贷款等都向合作社倾斜，通过优惠政策引导农民进行多种形式的联合与合作。

① 潘建国.美国农业合作社面面观:下[J].中国合作经济,2004(11):55-58.

六、国外农业微观经济组织发展的启示

中国农村地域广阔、人口众多，具有自身的特殊性，农业微观经济组织的发展尚处于初级阶段，因此，发展农业微观经济组织必须立足于中国农村的现状，不能盲目或简单地移植和模仿国外的经验和做法。只有仔细分析不同国家农业微观经济组织的特征、产生背景、发展原因、运行机制和实际绩效，才能有甄别地吸收对我们有益的营养。同时，我们只有在实践中不断探索、创新，才能真正发展起符合中国实际的组织体系。

（一）农业微观经济组织的发展程度必须符合基本国情

综观美、法、日三国农民合作经济组织的发展，都不是一朝一夕完成的，而是在本国经济社会发展框架内，经过上百年循序渐进的演变发展而形成的。中国作为一个发展中国家，地域广阔，各地区之间经济发展水平差异较大，再加上土地细碎化，难以形成像欧美国家那样的建立在土地规模化经营基础上的现代农业。所以，我们不能照搬照抄国外的做法。在中国农村经济市场化、商品化、专业化程度日益加深的情况下，各地必须根据当地的实际情况，认真研究农业合作应该如何发展，什么样的农业合作形式和程度最有利于当地“三农”问题的解决，选择适合中国不同地区的合作组织模式。例如：在中国沿海现代农业发达地区，由于其农产品的社会化、市场化程度高，专业性强，所以欧洲合作组织模式的借鉴意义较大；在中部粮食主产区，由于生产粮食等大宗农产品，并且个体农户进行兼业经营，日本基层农协的发展模式可能更为适用。各地发展农民合作经济组织必须采取适宜的组织模式，从而提高其市场竞争力，实现中国农业和农村的良性发展。

（二）农业微观经济组织的社会作用与社会制度性质密切相关

资本主义国家的合作经济组织在发展的早期阶段，主要目的在于克服农民销售农产品的困难以及减少商业资本和高利贷资本对农民的剥削。20世纪60年代以后，在一部分资本主义国家，有的合作经济组织除通过供销活动控制很大一部分农产品的销售和生产资料供应外，还控制了部分农业生产，同时他们经营工业、运输业、信贷、保险和国际贸易等，发展成为相当庞大的农工商综合体，并有雇工经营；有的已打破了地区限制，向国际市场发展，形成国际性的企业集团；有的同工商业资本家共同进行农产品的生产、加工、购销，开展化肥、农药、农机的制造等业务。在这一过程中，资本作用日趋明显，劳动合作倾向不断弱化，这加深了阶级矛盾。欧洲、北美和日本的农业合作经济组织虽然模式不同，但是其核心都是在市场竞争加剧的情况下，追求自身利益最大化，同时不断强调合作组织的经济性。在这种思想的影响下，这些国外的农民合作经济组织趋于向资本妥协，通过规模化和专业化的发展途径，大量引进资本，并且通过股份制的创新，实现了资本对合作经济组织的控制，削弱了合作组织中劳动的合作，这实际上就改变了原来的合作社性质，损害了弱势群体的利益，使其发展成为另一类型的垄断资本。由此可见，农业微观经济组织在不同的社会制度下，其具有的社会作用是不同的，维护的阶级利益也是不同的。

共同富裕是社会主义的本质规定和奋斗目标，也是社会主义的根本原则。中国注重协调不同阶层利益，实现共同富裕。因此，在中国广大农村发展合作经济组织，必须限制资本的控制力，防止合作经济组织过度依赖资金，从而削弱合作经济组织的劳动合作程度，进而难以保障弱势群体的利益。现阶段，根据生产力发展水平，我国可以在农民合作经济组织中坚持以公有制为主体，多种所有制形式、多种经营方式并存的发展模式，优化劳动者集体所有的方法，实现劳动对资本的控制，进而维护农民的利益。

（三）组织形式多元化是中国农业微观经济组织创新的必然选择

各国农民合作社都按照本国国情及国家干预方式，采取了适宜的发展模式，通常可以划分为：自下而上模式和自上而下模式。美国采取的是自下而上模式。美国的农民合作社是在农村商品经济相对发达、市场法律体系相对完善、农民民主意识及文化素质相对较高的条件下自下而上形成并发展的。日本采取的则是自上而下模式。鉴于日本人多地少的基本国情，如果仅靠合作社自身力量很难获得发展，因此其大多采用的是“综合合作社”模式，即依靠政府扶持来发展，而且政府在农协中的作用相对较大[①]。

中国以家庭农业生产经营为主体的基本制度与日本非常相似，并且中国大多数农业组织的发展初期也像日本一样按“自上而下”的方式建立起来的。在世界各国的农业合作经济组织中，日本的农协无论规模还是组织能力都颇为强大，它由政府推动和支持，自上而下形成了统揽全国的庞大网络。农协在从生产到流通的整个过程中承担了个体农户无法承担的功能，在一定程度上或在某些方面实现了“规模效益”。农协维护了农民利益和农村社会的稳定，特别是在日本经济增长过程中为缩小城乡差距发挥了一定作用。农协推进了日本国民收入的再分配，使农户收入与非农户收入差距缩小。这在一定程度上防止了城乡差距的扩大，也防止了由此带来的其他社会问题。但是，这种体系也决定了农协缺乏竞争，自我调节能力弱，它可能只适合土地规模小的国家或地区。随着国内外政治经济环境的变化，日本农协也日益陷入困境。而中国是一个幅员辽阔、人口众多的国家，也是一个农业大国，农业资源丰富，产业门类齐全，自然环境和经济发展差异大，人们需求多样化，这些都与日本不同。

---

① 王征兵，许婕，孙浩杰. 国外发展农民专业合作社的经验及其借鉴——以美国、西班牙和日本为例[J]. 湖南农业大学学报(社会科学版)，2010(2)：61-65.

如果仅仅以一种具有综合功能的农协组织来替代目前的多种组织形式，那么显然难以满足中国当前不同地区的不同需要。综合考虑，允许多种组织形式并存应该是我们的合理选择。

（四）健全农业微观经济组织发展网络

日本农协的组织网络存在明显的分层特点，面向农户的基层农协与按事业性质划分的中层及上层农协具有明显的区别。但它们共同构成了日本农协的网络系统，最大限度地调动了组织资源，保护了农民的利益，并形成了农协的集团性生产力①。发展农民组织的上层结构，需要有自上而下的力量，这就需要政府介入，帮助农民建立完整的组织网络。日本县级和中央级农协的建设，就是在基层已经打好基础之后，由中央政府直接推动，于两年内全部到位的。中国的各类合作组织，大部分只是当地狭小区域内的初级松散型合作组织，较多集中在乡村地区，甚至有的地方存在围绕同一类农产品的多家合作社并存竞争的现象，这不利于合作社做大做强。中国各类合作组织的上层结构横向信息采集和市场分析功能需要加强，有待建立上下贯通的、健全的组织网络，并充分调动上下级的优势，拓展合作空间，壮大合作组织的实力。

① 管珊．日本农协的发展及其对中国的经验启示[J]．当代经济管理，2014(6)：27–31.

第八章　创新农业微观经济组织的必然性

一、面临的机遇

中国多元化的农业微观经济组织已初具规模，正处于快速变迁和创新之中。经济社会发展中出现的一系列新的特征变化，给农业微观经济组织创新以新的发展机遇。

外部环境变化也为农业微观经济组织创新提供了空间。外部环境的变化，主要从农业支持保护、农产品需求以及农产品质量等方面，对农业微观经济组织创新提出了新要求。

第一，国家支持保护农业发展的实力不断增强。进入21世纪以来，中国农业正全面由以往的提取农业剩余支持工业和城市的发展，向实施“以工补农、以城带乡”战略转变。发生这一重大转折的原因在于国家经济实力的增强和国民经济的结构变化。改革开放40多年来，中国经济社会发展取得了巨大成就。1978年，中国GDP为3679亿元，全球排名第十；而2017年，中国GDP总值达827122亿元，全球排名第二。40年来GDP总值增长224倍，占世界经济的比重从1.8%提高到15%，可谓世界经济史上的壮丽一页。与此同时，农业在国民经济中所占的比重则持续下降，1978年农业占GDP的比重为28.2%，到2014年，第一产业增加值的比重下降到了9.2%，进入10%以下的时代，2017年第一产业增加值的比重下降到7.9%[①]。从全球发展经验来看，农业增加值占整个GDP的10%是国民经济的转折点。对于发达经济体而言，农业增加值占GDP的比重越低，恰好表明政府对农业的支持力度和强度越高。未来一个时期，随着国家经济实力的持续增强，其对农业的支持保护力度还将不断增大，对农业微观经济组织创新的扶持力度也有望增加。

第二，社会对农产品需求的数量仍持续增长。现阶段，中国面临着人口总量增加、城乡人口结构调整、农产品消费结构升级的基本环境，短时期内农产品刚性需求增长的态势仍将维持，这也导致保障供给的任务更加艰巨。即使是未来中国人口数量达到峰值，但随着消费需求结构的变化，肉蛋奶消费比重的增加仍将带来农产品消费需求的增长。此外，油料、棉花等大宗农产品的进口也维持在高水平。中国是发展中大国，历来将立足国内生产，确保国家粮食安全放在农业政策的首要地位。面临农产品需求持续增长和大量兼业农户退出农产品的生产，农业生产行为演变为“保口粮”的情况下，推进农业微观经济组织创新，培育能够稳定农产品供给的新型经营主体，就成为未来一个时期中国农业发展的重要任务。

第三，提升农产品质量安全水平的要求更加迫切。进入21世纪以来，随着中国经济飞速发展，城乡居民收入水平快速提高，消费能力不断提升，加上互联网带来的发达资讯，城乡消费者的安全健康意识大大增强，对农产品质量安全的要求日益提高。但恰好是在这一时期，多次发生农产品质量安全事故，一些事故还造成了重大的社会影响，如“三聚氰胺”“毒大米”等引发了社会公众的高度关注，甚至对农业产业的发展造成了严重不良影响。农产品质量安全方面存在的诸多问题，固然有监管体系不健全、工业污染向农业农村扩散、部分从业人员缺乏道德约束和行业自律等因素的影响，但以传统农户为主体的小生产和以难以计数的小商贩为主体的分散流

① 魏后凯，黄秉信.农村绿皮书：中国农村经济形势分析与预测（2017—2018）[M].北京：社会科学文献出版社，2018：3-4.

通相结合的生产供给模式，不仅为农产品质量安全监管带来极大的难题，也为建立全过程的标准化管理体系和质量追溯体系增加了难度。为解决上述问题，我们要发展新型农业经营主体，如专业大户、专业合作社、龙头企业等，这样可以将分散的农户组织起来，从而有利于推进农业标准化生产，统一生产资料供应和技术规程，实现全过程、全产业链的质量管理，降低农产品质量安全监管的成本，建立“从餐桌到田头”的质量追溯制度，切实保障农产品质量安全。

第四，农业功能的深度和广度不断拓展。需求层次的提高也对农业提供产品的内容和供给方式带来了重要影响。农业具有的亲环境的特征，这使得公众对农业的需求已经从农产品供给向提供优质环境等方面拓展。由此导致在农业现代化进程中，农业的功能呈现出不断拓展之势，作为第一产业的农业与第二、三产业之间相互融合和渗透，是近年来中国农业发展所表现出来的重要特征。农业领域的产业融合，表征为农业生产与农产品加工业、农村服务业之间的边界日益模糊，产业不断一体化。从具体的实现路径看，既表现为以第一产业为基础，从生产环节向加工环节、服务环节拓展的“接二连三”模式，诸如兴办农产品加工企业、发展休闲农业等；也表现为从农产品销售、食品加工、餐饮服务等产业链或价值链的“顶端”向下拓展，与生产环节融合的逆向融合模式，比如农产品电商建立销售平台之后又从事加工、加工企业建立生产基地等。因此，与农业相关的新兴产业正在不断出现和发展壮大。仅以休闲农业为例，据农业部统计，2016年，全国休闲农业和乡村旅游接待游客近21亿人次，营业收入超过5700亿元，使672万户农民受益[①]。农业新业态、新模式的出现，要求农业微观经济组织作出相应的形态变革。比如，在“淘宝”“京东”“顺丰优选”等电商经营模式下，个体工商户或者小微企业模式更能适应农产品销售的需求，这也要求对传统农户家庭经营的模式进行变革和创新。第一产业与第二、三产业

① 新华社.2016年我国乡村旅游营业收入超5700亿元[EB/OL].(2017-04-11)[2021-12-18]. http://news.cctv.com/2017/04/11/ARTIzVIVNxKXwMjCTi0exSoC170411.shtml.

的融合和一体化，有利于延伸农业产业链条，让农业生产者参与到第二、三产业价值增值的利益分配中去；有利于为农业引入新的生产要素，推进城乡一体化。农业与相关产业融合和一体化的进程，是不断形成新技术、新业态、新模式的过程，这也对农业微观经济组织创新不断提出新要求。

二、挑战与矛盾

（一）不同类别组织之间的关系需要调和

各种农业微观经济组织不是单独的个体，而是处于整体的组织结构中。如何处理好不同组织之间的关系，对于整个组织体系的绩效具有重大影响。农业微观经济组织创新以内生型组织为主还是以外来型组织为主，以小农为基础的生产经营组织为主还是以“去小农化”的组织为主，特别是对于工商资本进入农业如何趋利避害，还需要进一步明确政策导向。

（二）农业微观经济组织创新的“诺思悖论”

所谓农业微观经济组织创新中的“诺思悖论”，指的是这样一种情况：政府为推进农业微观经济组织创新采取了一系列政策措施，但由于政策实施机制不完善等原因，导致不能实现政策目标，甚至出现“播下龙种，收获跳蚤”的现象。关于悖论的典型案例是各级政府为扶持农民专业合作社的发展而出台了一系列优惠政策，相关主体为享受国家政策的好处，包装成立了一批“假合作社”或“空壳社”，而且产生了“劣币驱逐良币”的效果，导致真正需要扶持的农民合作社不能得到扶持，反而出现了合作社数量迅速膨胀，但质量水平不能同步提高的奇怪现象。目前，在家庭农场的发展中，也存在产生类似问题的隐忧。若该矛盾不能得到有效解决，则可能会对未来农业微观经济组织的创新产生严重不利影响。

三、农民组织化程度偏低的经济影响

（一）农户的分散经营状态造成土地开发和利用的规模性较差

随着城市化进程的加速，近年来，中国的耕地面积呈持续性减少趋势，而且由于中国人口众多，中国人均耕地面积远低于世界人均耕地面积。据数据统计显示：2017年中国人均耕地面积仅有1.46亩，比世界人均耕地面积2.89亩少了1.43亩[①]。就某些地区而言,户均耕地在10亩以上的农户所占比重极低。小规模生产本身就有自给性倾向。农户土地经营的趋小规模固化使农业生产偏重于劳动密集型，这影响了农业劳动生产率的提高。上述问题造成了农户承包经营组织的内部规模不经济性，这不利于农业现代化的推进。

（二）农民组织化程度偏低延缓了农村经济结构优化的进程

农村经济体制改革引发农户经营制度变迁的结果是全国人民的温饱问题得到解决，农产品供求状况发生历史性转变，即由全面短缺走向总量基本平衡和结构性、区域性相对过剩。针对农村经济发展的现状和中国农业日益走向国际化的背景，中国学术界和决策层作出了农业和农村经济发展进入一个新阶段的基本判断。在这一阶段，中国发展农村经济的中心任务就是对农业和农村经济进行战略性结构调整。这种调整不是适应性调整，而是一种全局性、长期性、指导性、综合性的战略性调整。这次战略性结构调整主要表现为四个过程：

第一，农业和农村经济结构战略性调整是农业不断向深度和广

---

① 中商产业研究院.中国人均耕地面积持续减少 发展智慧农业意义重大[EB/OL].(2018-11-26)[2019-05-20].https://www.askci.com/news/chanye/20181126/1459421137475.shtml.

度发展的过程。深度就是大力发展“两高一优”农业生产经营体系，发展农产品加工转化工程，延长农业产业链条。广度就是在不放松粮食生产的前提下，积极发展多种经营，大力促进乡镇企业和第三产业的发展，实施农村城镇化的战略。

第二，农业和农村经济结构战略性调整是实施科教兴农的过程。提高科技水平，并以此促进农村经济的增长，是此次战略性结构调整的现实要求。

第三，农业和农村经济结构战略性调整是农业从粗放经营向集约经营转变的过程。通过调整结构，增加农业的资本、技术投入，把农业资源优势转变为经济优势，从而提高农业和农村经济效益。

第四，农业和农村经济结构战略性调整是农业和农村经济新体制建立和逐步完善的过程。在社会主义市场经济体制下，要做好农业和农村经济结构战略性调整，就必须优化配置多种生产要素，要实现这一目的，就必须充分发挥市场供求机制、市场价格机制和市场竞争机制的作用，在坚持家庭承包经营这一农村经营体制的基础上，逐步完善农产品市场体系、农村社会化服务体系和农业保护体系，进行农业和农村经济的结构创新和体制创新。

目前，中国农村经济结构战略性调整难度较大的体制原因主要有以下两个方面：

一是农村经济发展过程中制度创新滞后。农村经济发展过程离不开相应的制度创新，但现实中的相关制度创新难以满足农村经济发展的需求。例如，城乡二元经济体制不仅抑制了农民生产经营的积极性、主动性和创造性，也缩小了城市进一步拓展业务的空间。而城乡利益“场”的空隙却隐含着促进中国城乡经济协调发展的新路径。

二是农村经济组织设计的目标不科学。规范科学的农村经济组织设计涉及的目标主体应该包括政府、企业、农民组织等，但是现实中在农村经济组织目标设计的过程中却未能将这些主体很好地涵盖或有机结合。中国加入世界贸易组织后农民面临的是一个组织化、规模化程度极高的国内和国际大市场，所以，当前中国农村经济的发展离不开农业生产组织、农业市场组织（包括合作运销组织、行业协会、批发市场组织、期货市场组织、农业保险市场组织）、农业服务组织（包括技术服务组织、信息服务组织、农资供应组织、农村公共设施提供组织）的带动。而现实是，中国多数农村经济组织仍囿于组织内部利益，而对需求主体的利益考虑较少。供销合作社、农村信用合作社、中国农业银行和农业技术推广组织等供给主体受自身经营目标的限定，对农村经济的发展供给动力不足。作为组织需求主体的农户由于组织重构、加入或退出成本比较高，组织的外部性差，自身素质低，政府扶持力度小等原因，对组织的有效需求不足。这样，组织供给与需求两方面都出现了障碍，这致使农民组织化程度偏低。组织化程度偏低的农民很难形成“干中学”的观念。“干中学”能够提升农村人力资本的价值，为农村经济结构调整和优化工作培养一大批有巨大潜在求富欲望和创新能力的农村劳动者。活跃于农产品市场上的农民经纪人队伍就是促进农村经济结构战略性调整与优化的重要组织资源。组织化程度偏低的农民还很难以增加收入为动力积极将农业发展与工商、金融资本相结合，这对农业走向产业化、规模化和科技化，实现农村经济结构优化的目标具有一定的不良影响。目前，农民增收困难的原因主要在于：向城市偏斜政策的存在；农业和农村经济结构单一，供需脱节；农村城镇化、工业化，农业产业化水平低；农村科技发展滞后；农村市场不完善等。其中，农村产业结构不合理是农民增收难的一个重要原因。农村经济结构调整离不开农民组织的参与，需要农民组织起来。当农民有组织地从事生产、交换、分配与消费时，农村经济结构调整才能真正落到实处。因为缺少农民参与的农村经济调整会使农业和农村改革成本上涨，不仅不能促进农民增收，而且会使农村经济发展环境进一步恶化。例如，在农村经济结构调整过程中出现的侵犯农民自主决策权的现象，使农民对这一战略性的结构调整产生了抵触情绪，使结构调整难以正常进行。实践证明，强调政府及其他主体比农民更有能力、更具有理性的观念利少弊多。通过制度约束来规范涉农组织和个人的行为，改革农业管理绩效评估方法，在尊重农民自主权的基础上，利用多种机制将农民组织起来已经成为农村经济结构战略性调整的内在要求。当农民无组织地进行产业结构调整时，则可能会出现新一轮的同构性问题。因此，农民有组织地进入市场寻求合作伙伴，争取政府支持，将有利于其与其他市场经济主体的有效结合，加速农业产业化、规模化和科技化的进程。

（三）农民组织化程度偏低影响了国民经济健康发展

在20世纪70年代末，中国社会经历了深刻的变革，这场大变革及其以后的组织与制度创新使乡土中国的组织与制度有了一定优化，特别是家庭联产承包责任制的正式制度安排得到了现实表达，农民非正式组织的发展又为非正式制度在农村的形成与发展奠定了一定的组织基础。如果正式组织和非正式组织的建设都迟滞，那么将造成农民组织化程度的低下，而农民组织化程度低下不仅会影响农村市场经济体制的建立健全，还会使得许多惠农政策因缺乏有效的中介组织而难以落实，从而对整个国民经济产生许多不利影响。

农民组织化程度低下还会影响农村产权市场再造进程，进而影响到农村市场经济体制的建立健全。20世纪90年代中期以来，中国农村发展过程中各市场主体之间的矛盾日益突出。以农户家庭为微观组织基础的农村市场因为缺乏产权交易规制，导致产权主体缺位和错位，公有产权和私有产权流转缺乏明确的行为规范。这种状况也导致了农业微观经济组织的低效率运行，严重阻碍了以商品化、规模化、专业化、组织化为特征的农业社会化和市场化进程。农民无组织地介入农村产权市场再造，也会使原有的农村产权边界难以明晰。农村集体统一经营组织难以为农民提供更好的农村社会化服务，特别是提高农村水资源产权市场的运作更加影响了农民对于农业自然风险的规避。在农村产权市场的培育方面，农村家庭等微观经济组织与集体经济组织未能同时进行产权改造，这不利于相对封闭的农村产权运行模式向开放性市场运行模式转变。乡镇企业的股份合作化改制和农村第三产业的合作化进程也因为农民组织化程度低下难以掀起中国农村制度发展史上的又一次革命。

四、市场农业发展的内在要求

市场农业是现代农业的一种基本制度安排，其实质就是确定各市场主体的经济联系方式，即通过市场来实现各利益主体之间经济联系的制度体系，它隐含着一种新的经济激励机制。在传统的以自然经济为基础的小农经济中，农业生产发展的内在动力机制是为满足生产者自身的消费需求，农业生产发展规模是由人们对使用价值的需求结构及其数量规模来决定的。这种以效用满足为核心内容的生产机制，必然表现为生产与消费的直接统一，从而形成自给自足的封闭型经济体制。中国传统的统购统销的农业体制，从根本上弱化甚至取消了农业生产者经济利益的独立性，农业生产增长的动力主要来自国家的行政动员。农业中的行政性激励机制，必然诱导农业部门单纯追求总产量或总产值的最大化，只重视农业生产的数量扩张，而忽视农业生产中的成本与收益比较。与传统农业发展模式相比较，市场农业使得各种农业生产要素及其产品取得了商品形式，农业生产在市场机制的调节下运营，价值增值成为农业生产的基本目标。因此，市场农业的激励机制是双重的，一方面，生产者对农产品附加值的追求，构成了来自农业生产自身的利益驱动，即这种机制激励生产者不断使自己的供给函数趋近于由消费者消费偏好所决定的需求函数；另一方面，市场竞争过程又形成了由市场环境所产生的外部激励机制，它引导农业生产者根据市场信号，优化要素组合，调整产出结构和调节生产规模。市场农业内外激励机制的双重构造，其核心是农业生产者通过市场所能实现的经济利益。

市场农业作为现代农业的基本形式，是以现代农业技术进步为基础的。以技术进步为基础，是市场农业与传统农业的本质区别之一。在传统农业中，农业生产的目标函数并不是利润的最大化，而是寻求经济上的安全性或使风险最小化。因此，传统农业生产方式在技术状态上也是一个超常的稳态结构。这一时期，农民既缺乏适当的可替代技术，也不愿意承担采用新技术可能招致的经济风险或代价。技术落后和技术停滞无疑是传统农业超常稳态结构形成的一个重要因素。而传统农业技术停滞的性质，又根源于其自给自足的生产方式和农业生产的非市场化。市场农业的形成，其意义就在于为农业技术进步注入动力。市场化的作用就是引导经营者承担风险，不断地改进技术，进行技术创新。技术进步是市场农业的固有属性，因为市场农业的利润最大化经营目标，总是不断地诱导农业生产者以相对充裕的廉价资源替代更为稀缺的昂贵资源，解决资源相对稀缺对生产发展所造成的抑制作用，这就导致农业对新技术的需求。总之，市场农业是一种以市场为基础，以技术进步为动力的新型制度安排。这一新的制度安排，促进了农业资源配置方式的根本转换，同时也为农业经济增长奠定了物质技术基础。

在农村市场经济发展的过程中，各种经济要素之间存在着一个内在的、本质的、必然的联系与发展趋势。从各国发展农村市场经济的过程中我们可以发现，任何国家农村市场经济的顺利发展都离不开以下三个要素：一是要有能够准确诱导微观经济主体经营活动的市场体系和市场机制；二是要有能够对市场信号作出灵敏反应、适应市场经济发展要求的微观经济主体；三是要有能够兼顾微观经济主体利益和社会整体利益的宏观调控体系和调控方式。这三大要素共同作用的结果决定农村市场经济发展的规模、方向和趋势，体现农村市场经济运行的一般规律。

在市场经济中，生产者和消费者的决策，生产与消费、供给与需求之间关系的协调，社会资源配置和收入分配都建立在商品等价交换原则的基础上。生产者和消费者决策的主要依据是市场价格信号。供求双方通过竞争形成的价格，是社会资源配置是否符合消费需要的客观反映；价格的高低又是人们收入分配和利益关系合理与否的重要参数。在市场经济中，各经济主体产权明确、利益独立，这决定了市场经济是一种独立经营、自负盈亏、自我发展、自我约束的经济。经济主体以追求利益最大化为目标，在市场经济中，每一个独立自主的经营主体都是平等的一员，谁也不能在市场中享有垄断和特权地位，彼此之间是公开、公平、公正的竞争关系。同时，市场经济是开放经济，它要求打破地区的封闭性、割据性，形成全国性的统一市场。随着生产力的不断发展，社会分工必然扩大为国际分工，形成世界市场。在此情况下，国内市场要对国外开放，积极参与国际经济竞争。

市场的运行是以价格为核心的。在大多数情况下，由市场形成的价格信号是准确的。这样，价格的高低就直接影响着供求双方的利益，引起市场竞争，市场竞争导致商品生产者为了自身的利益而把生产要素从价低利微的部门或产品转移到价高利大的部门或产品上去，并随着生产要素的流动而重新改变市场供求关系。

新的供求关系又会引发新的价格竞争。市场机制就是在这种供求关系与价格的相互作用中，自动地调节市场主体的生产经营活动，实现市场供给与需求的平衡。市场机制就是这样通过价格信号自动调节生产者的经济行为和社会资源的配置，从而最终调节农产品的基本比例关系。

总之，市场机制调节功能的实现，是以农业微观经济组织能够对价格信号作出灵敏反应为前提的。要做到这一点，农业微观经济组织必须随着市场农业的发展不断进行变革与创新。

五、经济社会发展的现实要求

（一）农村劳动力大量向城镇转移

进入21世纪以来，中国城镇化加快发展。据统计，2011年中国城镇人口数量首超乡村人口，城镇化率已达51.27%[①]，农村劳动力转移就业超过2.5亿人[②]；到2017年城镇化率为58.5%[③]，农村劳动力转移就业2.87亿人[④]。中国的城镇化正处于“纳瑟姆曲线”中城镇化快速推进的阶段。与之相应，中国第一产业就业人员的规模已经由2000年的36042.5万人下降到2017年的20962.8万人，占全部就业人员的比重已下降到27.0%[⑤]。由于农业比较效益低、农民社会地位不高，新生代农民工不愿意回乡务农，这导致农村青壮年劳动力短缺、农业劳动力素质下降、劳动力季节性和区域性短缺问题凸显，农业发展面临严峻挑战。未来一个时期，城镇化的快速发展将显著改变农村的人口结构、劳动力供求状况和人地资源配比情况。培育专业大户，建立家庭农场，发展农民合作社和龙头企业，填补传统农户分化造成的缺失，构建包含多元化经营主体在内的新型农业微观经济组织，成为中国现代农业发展的客观要求。

（二）现代农业经营方式转变

传统“生产型”农业向现代“生产经营型”农业的转变也在推动着农业微观经济组织的变革。在传统小农经济模式下，作为农业微观经济组织的农户家庭，以产出最大化为导向，以满足家庭成员的消费为目标，此时这种目标只是单纯的生存目标，这种农业只能是一种“生产型农业”。目前，中国农业发展正从传统农业向现代农业迈进，农户家庭的目标导向已从生存目标转向生存和经济并存的

① 国家统计局.2011年城镇化率达到51.27%[EB/OL].(2020-08-17)[2019-10-11].http://jingji.cntv.cn/2012/08/17/ARTI1345186274750550.shtml.

② 国家统计局.2011年全国农民工总量超过2.5亿人[EB/OL].(2012-04-27)[2020-10-11].https://finance.qq.com/a/20120427/006907.htm.

③ 国家统计局人口司.统筹人口发展战略 实现人口均衡发展[EB/OL].(2018-09-25)[2019-10-11].https://baijiahao.baidu.com/s?id=1612558627221478190&wfr=spider&for=pc.

④ 人社部.2017年全国农民工总量达到2.87亿人[EB/OL].(2018-04-12)[2020-10-13].https://baijiahao.baidu.com/s?id=1597553101314431594&wfr=spider&for=pc.

⑤ 新华社.2017年我国总体就业稳定增长[EB/OL].(2018-05-21)[2020-10-13].http://kuaixun.cngold.org/c/2018-05-21/c747181.html.

目标。但由于农产品自身的需求价格弹性小，生产型农业下的产量与产值并不是同步增长，生产型农业难以保证实现这样的目标，所以生产型农业要向以产值最大化为目标导向的生产经营型农业转变。生产经营型农业与生产型农业在经营管理模式上有着巨大差异，这种差异对农业微观经济组织也提出了更高的要求。

（三）农业的市场风险和国际竞争压力日益加剧

自中国加入WTO以来，中国农业对外开放程度快速提高，国际供求和价格波动对国内市场的影响日益明显。随着中国国内市场体系不断完善，期货市场快速发展，宏观经济、资本市场成为影响中国农产品市场的重要因素。在国内外供求、能源、资本等多种因素相互交织、相互叠加的影响下，中国农产品市场波动幅度加大、频率加快。与此同时，农产品进出口规模不断扩大，尤其是近年来大豆、棉花、玉米、油料等大宗农产品进口急剧增加，对国内农业产业的冲击明显加大。中国以传统农户为生产主体和以众多分散农民经纪人为购销主力的农业经营体系，无论是面对剧烈变化的农产品市场，还是面对动辄百万吨、千万吨的进口农产品冲击，都显得力不从心。在此情况下，加快培育龙头企业、农民合作社等新型农业经营主体，加快推进产加销、贸工农一体化进程，延长产业链条，推动产前、产中、产后各环节深度融合，提高农业的组织化程度和农产品附加值，成为中国应对市场风险和国际竞争的必然选择。

（四）资源环境约束加剧

所有社会经济活动都离不开水土资源。水土资源是人类生存与发展的基础，是经济社会可持续发展至关重要的基础资源。我国地域辽阔，陆地面积达到960万平方千米，居世界第三位，但人均耕地面积明显低于世界平均水平。在人均耕地不足的同时，由于工业化、城市化进程中建设用地不断扩大，农村住房占地不断增加，加上生态退耕和灾害损毁，耕地资源不断减少。土地资源相对贫乏、耕地不断减少和土地资源质量下降，不仅会使农村土地规模经营受到限制，农业劳动生产率难以提高，给国家粮食安全带来严重隐患，制约农民增收和农村经济发展，而且会在“一要吃饭、二要建设”的双重需要下，导致土地供给压力越来越大。在水资源利用上，随着非农产业用水和城市居民生活用水数量急剧增加，大量农业灌溉用水被转用于非农业用途，全国每年因缺水受旱耕地面积不断增加。另外，目前我国生态环境形势日益严峻，城市烟尘、酸雨、可吸入颗粒物等，经过物理、化学、生物等作用和反应，形成复合型污染，严重污染了土地资源、空气资源和水资源。农村水土流失、地力衰竭、草地退化、土地沙化，越来越多的河水变得不适合农业灌溉，直接影响到农产品质量和食品安全。中国农产品供给已经由20世纪90年代的总量平衡、丰年有余，转变为目前的总量基本平衡、结构性紧缺，紧平衡将成为常态，保障粮食安全和重要农产品供给的压力明显增加。在供求因素双重制约下，中国农业发展依靠传统的资源和劳动投入推动增长的模式难以为继，因此，农业发展必须加快由传统粗放式经营向集约化经营转变，更多地采用先进科学技术和生产手段，增加技术、资本等生产要素投入，着力提高土地产出率、资源利用率、劳动生产率，增强农业综合生产能力和可持续发展能力。与传统小农户相比，专业大户、家庭农场等规模经营主体更容易接受和应用新品种、新技术，对现代生产要素需求更为强烈；专业合作社、龙头企业则是先进生产要素的有效载体，并能为农户提供有效的技术指导和支持。

（五）农业新技术革命的到来

科学技术的迅速发展，为现代农业科技发展奠定了基础，尤其是以生物科技、信息技术和生态农业技术为代表的新的农业科技革命成果正以前所未有的力量推动着当今农业的发展，正在对农业产生越来越广泛和深远的影响。现代农业科技的飞速发展表明新一轮农业新技术革命已经到来，科技在传统农业向现代农业转化的过程中发挥着比以往更为重要的作用，它改变了人们的思维方式，大大提高了社会生产力水平及生产效率。中国农业发展进入新阶段以后，农业发展开始受到资源和市场的共同约束，而且这两种约束呈趋紧态势。农业技术进步能够为趋紧的资源寻找有效替代，促进新产品开发，因而能够有效缓解新阶段农业发展过程中的两个紧约束。因此，我们要不断通过农业微观经济组织的创新，提高农业技术进步的水平。

（六）非农产业发展的要求

当前，农村经济发展较成熟地区非农产业发展也很快，它们日益成为农村经济的主体。这是由于农业劳动力大量向非农业转移，许多农民收入来源也以非农产业为主，有的专门从事非农产业，更多的则以亦工亦农的方式兼业于农业和非农业之间。家庭联产承包责任制的实行不论对农业还是非农业的发展都产生了巨大的积极作用，但针对目前现状，农村经济的进一步发展还需要农业微观经济组织形式的进一步创新。家庭联产承包责任制均分土地使用权于众多农户，客观上限制了农村劳动力向非农产业的彻底转移和农业自身的现代化。实际上，农民拥有一份土地使用权，虽然一方面要承担相应的义务，但另一方面享受着社区内部“以工补农”等对土地使用者的福利补贴。如果他们放弃土地使用权就会失去享受社区补贴的权利，甚至有被排除在社区之外的危险，所以农民一般不愿放弃承包的土地，这导致土地集中十分困难，农业发展现状不容乐观。具体表现为：农地经营规模极小，务农比较利益低下，导致亦工亦农的农民经营农业的积极性下降，只满足于口粮和基本食物的自给。这实际上是一种小农、半小农经济。农业劳动投入急剧减少，如果替代性要素投入没有达到一定规模，农业至多维持不滑坡，很难有大的增长。

非农产业的发展吸纳了大量农村劳动力，这使城乡居民收入水平得到提高，在此情况下，城乡居民必然在数量、品种、质量上对农产品提出更高要求。此外，非农产业的发展也在原材料和消费产品方面对农业提出更高的要求。因此，农业必须不断提高产品质量和商品率。小农经济在传统农业技术条件下，依靠充足的劳动投入，可以取得较高的单位面积产出，但随着农地经营规模的扩大，单位面积产出反而递减。因此，在现代农业技术条件下，取得最高的单位面积产出要求有一个适度的农业经营规模。中国农村经济的发展和改革已经打破传统农业社会格局，过去的小农模式即使可以取得单位面积的较高产出，也不能为农民带来相应较高的纯收入。以现有的农业经营规模和经营方式不可能取得比现代农业技术经济条件下更高的单位面积产出，农产品商品率也不可能有大的提高。

商品经济要求各产业、各经济组织之间既合作又竞争，农业和非农产业之间同样存在着激烈竞争，如果农业长时间居于劣势，务农比较收益太低，劳动力和其他要素投入就要向非农产业转移，资源配置将不利于农业发展。小农经济与高度市场化的非农产业竞争，显然要居于劣势。国民经济各部门之间客观上存在一定的比例关系，严重偏离这一比例关系必将不利于整个国民经济的健康发展。农业发展的滞后已经成为中国经济向更高层次发展的严重制约因素。农业要发展，必须打破小农经济。

（七）土地制度的变革要求

农村现行承包土地是严格按照均等的原则进行的，承包地分配的平均主义原则不仅表现在承包地数量分配的人人均等上，而且表现在承包地质量分配的人人均等上。承包地的分配手段是行政划拨。各承包户所获得的承包面积、块数、位置等都不是农户自己能够决定的，而是由集体性经济组织划分和配给的。但承包地在使用过程中缺乏法制化管理，这导致不少农户由于种种原因，对于自己承包的土地不能有效地利用，或者弃耕，或者掠夺性经营，或者擅自改变利用方向，或者种“应付田”。

现行家庭联产承包责任制的弊端早已明显暴露出来，其负效应是多方面的。一是土地规模效益低下，愈来愈小的土地经营规模和零碎分散的土地资源配置，严重制约土地的正常经营，致使无法取得规模效益。这已经成为农业生产力水平提高和农民经济收入增加的严重制约因素。二是承包户的土地经营规模与其经营水平高低及经营条件的优劣不相匹配。许多经营水平低、经营条件差的农户，承包的土地面积相对较多，而许多经营水平高、经营条件好的农户，承包的土地面积相对较少。这既使得相当一部分土地在低效益状态下经营，又使得为数众多的务农高手不能尽其所能。三是承包农户的经营行为短期化。由于对土地承包经营权的稳定性心存疑虑，农民也就不会尽其所能地追加土地投入、改良土质、挖掘土地潜力。相反，农民普遍对土地肥力的培育，对后备资源的开发，对基础设施的建设，对固定资产的添置与更新等表现冷漠。

对现行土地制度进行改革势在必行。土地制度必将随着市场农业的发展不断深化完善，而农业微观经济组织也将适应新的土地制度而不断出现。

（八）制度创新对农业国内生产总值增长速度的影响

以1950—2004年中国农业国内生产总值增长速度为例，具体如表8-1[①]所示，从表8-1中我们可以看出，1950—2004年，中国农业生产的增长情况大致可以分为六个阶段：1950—1955年、1962—1966年和1978—1996年是效率较高的阶段；1956—1960年、1967—1977年和1997—2004年是效率较低的阶段。各个阶段农地所有制和使用制度不同，导致高效率的阶段与低效率的阶段交替出现。

表8-1 中国农业国内生产总值增长速度

年份	增速	年份	增速	年份	增速	年份	增速	年份	增速
1950	18.0%	1961	1.4%	1972	-0.9%	1983	8.3%	1994	4.0%
1951	9.0%	1962	4.5%	1973	9.0%	1984	12.9%	1995	5.0%

① 张晓红.我国微观经济组织的效率研究[D].北京：中共中央党校，2016.

续表

年份	增速	年份	增速	年份	增速	年份	增速	年份	增速
1952	15.0%	1963	11.3%	1974	4.1%	1985	1.8%	1996	5.1%
1953	1.9%	1964	12.9%	1975	2.0%	1986	3.3%	1997	3.5%
1954	1.7%	1965	9.7%	1976	-1.8%	1987	4.7%	1998	3.5%
1955	7.9%	1966	7.2%	1977	-2.2%	1988	2.5%	1999	2.8%
1956	4.7%	1967	1.9%	1978	4.1%	1989	3.1%	2000	2.4%
1957	3.1%	1968	-1.6%	1979	6.1%	1990	7.3%	2001	2.8%
1958	0.4%	1969	0.8%	1980	-1.5%	1991	2.4%	2002	2.9%
1959	-15.9%	1970	7.7%	1981	7.0%	1992	4.7%	2003	2.5%
1960	-16.6%	1971	1.9%	1982	11.5%	1993	4.7%	2004	2.7%

1949—1997年农业增长阶段的制度特征如表8-2[①]所示。从表8-2中可以看出，1949—1957年、1979—1984年、1989—1997年这三个阶段年平均递增率均在7%以上，其共同特征是制度安排的变迁影响了经济增长的步伐。“当农村经济制度能够把农民的积极性调动起来，农业增长就加快，而当农村经济制度不能实现创新，或者说，不能通过创新进一步调动农民积极性，农业增长就显得乏力。”[②]

表8-2　1949—1997年农业增长阶段的制度特征

增长阶段	年平均递增率	制度安排	对增长的影响
1949—1957年	8.01%	土地改革、互助合作	+
1958—1965年	1.00%	人民公社	-
1966—1978年	3.69%	“文化大革命”、人民公社	-
1979—1984年	8.29%	家庭联产承包责任制	+
1985—1988年	4.36%		
1989—1997年	7.41%	市场化	+

从经济增长的角度而言，制度最重要的特征是它所允许的行动

① 吴方卫，孟令杰，熊诗平．中国农业的增长与效率[M]．上海：上海财经大学出版社，2000：81.

② 乔榛，焦方义，李楠．中国农村经济制度变迁与农业增长——对1978-2004年中国农业增长的实证分析[J]．经济研究，2006（7）：81.

自由的程度，一旦人们有可能自主地抓住经济机会，经济就会增长，能把努力与报酬联系起来的制度安排就必然会促进经济增长。但同样的制度安排在不同时期也表现出了产出增长的起伏，该制度安排以外的因素是此时进行效率分析的主导因素。制度创新是中国改革开放后农业增长的决定性因素，因此我们要把农村经济制度创新作为主要的突破口，或者说要以实现农村经济制度创新来为农业增长寻找持续的动力。

第九章　农业微观经济组织创新的前提条件

一、农民组织化的一般特征

（一）组织化过程的阶段性

在不同国家、同一国家的不同历史时期和不同地区，农民组织化特征不尽相同。在中国，农民组织化是一个使农民由计划到市场，从分散走向集中，从受歧视到拥有国民待遇，由只能获取较低比较利益状态转变为能获取较高收益的过程。目前，发达国家农民组织化程度到了相当发达的阶段，而广大发展中国家的多数农民仍然处于组织化较低的状态。在中国，以组织形式参与农业产业化经营活动的农户仅占农户总数的3.7%，农户从组织化经营中获得的收入仅占其总收入的17.7%①，这与发达国家农民组织化程度相比较是非常低的。根据我国农业部1997年对全国11824个有利益连接机制的农业产业化经营组织调查，这些经营组织共连接农户1995万户，仅占全

① 王勇，郭翔宇．发达国家农民组织化的共同特征及其启示[J].2003年中国青年农业经济学者年会论文集，2003：215-220.

国19419万农户的10.27%[①]，这与日本农民组织化程度近乎100%相比较存在着很大差距。美国的农民组织化程度也达到较高水平，在1996年有农业合作社3884个，平均每个社有社员1030人，年营业额2500万美元，农场主生产的农产品有31%是通过合作社加工销售的，所需要的生产资料有27%是由合作社供应的[②]。美国农场主通过合作社实现了交易的联合，从而从中获得了较高的利润。1996年，美国农业初级产品的价值仅占农业总产值的24%，而加工、储运、批发等环节所取得的价值占农业总产值的76%[③]。日本利用农协、生协、渔协的组织系统及拥有的保鲜、加工、冷藏、运输、信息网络等现代化优势，将农民生产的农产品集中起来，进行统一销售。如针对容易变质腐烂的水产品，大范围运用冷冻设施和低温运输系统，实现了水产品长期保鲜。同时，日本已普遍采用鲜活农产品采后从预冷、整理、储藏、冷冻、运输等规范配套的供应链一体化协调运作的流通方式，产后的商品化处理几乎达到了100%。目前，日本农产品加工比例在60%以上，加工转化后产值至少可增加2—3倍[④]。与美国、日本相比，中国农产品加工率只有55%，低于发达国家的80%，而且农产品的深加工技术和装备普遍落后于发达国家8—10年，各种高新加工技术的应用很不普遍[⑤]。

（二）组织主体的多元性

除了农户这一微观组织主体以外，农民专业协会、新型专业合作社、农村供销合作社、农村信用合作社、社区性合作经济组织、

---

① 陈新.中国与发达国家农业产业化发展之比较[J].中共福建省委党校学报，2002(3)：11-15.

② 肖红叶，毕美家.发展合作经济是做好“三农”工作的重要基础[J].农业经济问题，2007(8)：36-39，111.

③ 熊红颖，寿志敏.从经济意义上浅析农民组织化问题[J].商场现代化，2007(4)：368.

④ 方志权，焦必方.中日鲜活农产品流通体制若干问题比较研究[J].现代日本经济，2002(5)：42.

⑤ 前瞻产业研究院.中国农产品加工业的发展现状和形势预测[EB/OL].(2016-11-13)[2020-11-15].https://www.qianzhan.com/analyst/detail/220/161113-b6fd6be4.html.

龙头企业、政府涉农经济技术部门等也是提高农民组织化程度的有效载体。这其中既有农民主体的自发力量，又有政府的引导支持力量，同时还有其他经济利益集团的参与力量。由于各个主体提高农民组织化程度的目标不尽一致，所以，在市场经济体制尚未完善的相当长一段时期内，构建比较合理的利益主体格局是降低农民组织成本、提高组织化收益的现实选择。在各类新型合作经济组织的运行机制尚未建立健全、政府支持政策尚未完善、农民组织意识尚未增强的特定历史时期，中国农民组织化将呈现出多元化的发展态势。但随着农村市场经济体制的进一步建立和健全，中国农民组织化程度将逐步提高。

（三）提高农民组织化程度主体模式的灵活多样性

在中国农村组织制度变迁过程中，提高农民组织化程度主体模式的灵活多样性体现了在制度变迁各个阶段组织创新的权变思想。灵活多样的组织形式包容和调动了诸多积极因素，适应了中国不同层次的农村生产力发展状况。从所有制来看，这种组织形式表现为集体经济、股份合作经济、合伙经济、合作经济组织等多种形式并存。从农民组织化进程中重点合作的产业领域来看，其表现为由生产领域的合作向加工与流通环节的合作转变的特征。从组织边界来看，灵活多样的组织形式表现为既有组织的调整又有组织之间的合作，前者尤以农村双层经营组织结构性变迁为典型。一方面，集体统一层次沿用了过去体制中的成果；另一方面，农户家庭分散经营层次又为重构中的社区合作经济组织注入了新的机制活力，受这一层次组织资源的影响，专业性合作经济组织不断生成。由此，在社区合作经济组织、专业合作经济组织与农业企业的推动下，形成了以契约为合作保障的农业一体化经营组织体系，在组织载体上有农工综合企业、合作社等。这种具备约束分工、协作功能的“自律机制”的农民组织化主体依据环境的变化进行多种形式的联合与合作。正是由于这种灵活多样的组织形式的存在，农民组织化事业更加能为适应经济全球化、贸易自由化和农业国际化的要求而不断发展。

（四）农民组织化的动态性

当今社会，农民组织化成为农业发展领域的一个重要课题，其具有动态性的特征。当农民合作过程中遇到了现有条件难以逾越的体制性或者技术性障碍，抑或出现了加速农民组织化的有利条件时，农民经济组织均会呈现一种动态性的变化过程。第一种情形出现的结果是已经参与了相关组织的农民选择退出；第二种情形出现的结果是农民合作组织创新策略的调整与优化。农民只有在组织化过程中随时更新原来的合作信息，并且利用新的合作技术调整相应合作对象、方式与强度等，才能最大限度地规避市场、社会、自然风险，充分把握实现更多价值的机会。

二、农业自身的特点

农业的本质特征是自然再生产和经济再生产交织的生产和再生产过程。农业的这种本质特征使得农业生产不同于其他方面生产。

（一）农业生产的主要对象是有生命的动植物

农业生产活动必须具有连续性，而且生产时间和劳动时间存在显著差别。生产时间是由生产对象本身生长发育的自然条件决定的，是持续不断的，有相当一部分时间是靠生产对象自身生长、发育、成熟。劳动时间则是人们根据生产对象生长、发育的状况对其进行劳动管理，具有间断性。与农业生产连续性相关的是生产的周期长，如谷物的生产需要几个月，家禽家畜的生产需要几年，木材的生产可长达十几年甚至几十年。这就导致农业劳动支出和生产资料使用具有季节性，农产品的获得具有间断性，农业生产有受自然影响的不确定性，农业资金收支具有不平衡性。

（二）农业生产受自然环境影响大

土地作为农业生产中不可替代的生产资料，其在农业生产中的作用与其他物质生产部门不同。在其他物质生产部门，土地仅仅是作为生产的场地，它们对土质等并没什么要求。但是在农业生产中，土地不仅仅是生产的场地，更重要的是农作物直接生长在土地里，农作物生长、发育所需要的营养等成分都要通过土地供给。不同的土质和不同的气候条件，决定了农产品的不同种类，而土地、气候等自然环境是无法在空间上进行转移的。因此，农产品具有明显的地域性。

（三）农业劳动空间上的分散性、流动性，时间上的不均衡性和劳动量评价的复杂性

由于农业生产主要是在广阔的土地上进行的，因此农业劳动具有很大的分散性和流动性，农业劳动虽然需要协作，但不可能像工业那样集中。另外，农作物的生长、发育具有很强的季节性，劳动只是在农作物生长、发育的某些环节进行，有农闲和农忙之分。因此，农业劳动时间支出具有不均衡性。

此外，由于农业劳动是一种生命作用于生命的复杂过程，所以农业劳动的主体必须根据农作物生长发育的需要来作出反应，其过程不但复杂，而且极不规律。这就使得农业劳动无法像工业那样做到标准化、定量化和规格化。由此导致农业劳动的评价和报酬的计算难以做到精确化，从而形成高昂的监督成本。

（四）农产品交易的不确定性

一是农产品供给弹性大，需求弹性小。农民由于受到各方面因素的限制，无法对农产品市场需求作出前瞻性预测，多是看上年什么产品价格高，下年就生产什么，因而农产品供给弹性大。而农产

品作为生活必需品，每人每年消费量基本不会有太大变动，因此农产品需求弹性小。这一特征决定了农产品供求关系的非均衡性。二是农产品供给的竞争性。由于农产品的生产具有很强的季节性，并且同一季节生产同一种农产品的人数众多，同一种农产品在效用上并无大的差别。此外，农户在播种季节要确定播种品种和数量时，他们并不知道其他农户播种的品种和数量，一旦农户作出生产决策并付诸实施，就存在着不可逆转性。这就使得农产品供给几乎处于完全竞争性市场中。

（五）农业科学技术研究和应用的特殊性

农业的现代化必须依靠农业科学技术的支撑。由于农业的特殊性，农业科学技术具有以下特点。一是农业科学技术研究开发周期长、综合性强。一项新的农业科研成果在被生产单位接受和运用之前，农业技术推广部门要做很多工作，如试验、示范、宣传、推广等。农业科学技术在研究、试验、示范、推广和应用的过程中，还要受到自然环境因素、社会经济条件和生物有机体自身特性的影响，所以开发周期长。同时，农业科学技术的研究、试验、推广和应用等，只靠科研单位和农业技术推广部门是远远不够的，还要求多学科、多部门协调配合，所以其开发综合性强。二是农业科学技术推广、普及和最终成效要受多种因素影响。除农业科研成果本身的先进性、适用性、可行性之外，农业科学技术的推广、普及和最终成效如何，还取决于自然环境。中国地域辽阔，自然条件千差万别，农业科研成果的推广、普及只能因地制宜，才能达到适用、有效的目的。同时，农业科研成果能不能顺利推广，应用的成效如何，关键在于农民素质的高低，在于他们对农业科技成果的认识、接受和掌握程度。

三、现代农业微观经济组织的内在要求

（一）必须在产权关系上是明确的

在家庭农业中，家庭既是投资的主体，又是生产经营的主体，因此，所有权、占有权、使用权、收益权、处置权是合一的。在集体经济和合作经济中，所有权和使用权往往是分离的。也就是资产的真正所有者并不直接使用他所拥有的资产，而是将资产的直接占有、使用权让渡出去，他们手里仅握有资产所有权的证书，作为终极资产所有权凭证和对资产使用收益的索取权凭证。集体经济和合作经济中的资本从原始的、狭义的所有权主体中流出以后，集中到法人经济组织中，形成现实资本，用于生产经营活动。在竞争激烈的市场经济中，经济实体或者盈利，或者亏损，客观上要求产权关系必须是明确的。

在集体经济和合作经济中产权又是多元的。在现代农业微观经济组织中，资本来源的分散化，乃至社会化，导致经济组织的资本所有权不再属于某一单一出资人，而是属于一个出资人群体，这一群体形成新的产权主体。现代农业微观经济组织要想扩大生产规模，壮大经济实力，在市场上具有竞争力，理所应当地要向多级法人所有制趋势发展。因此，产权模式的最佳选择是一种集公、私于一体的混合型产权模式。

此外，现代农业微观经济组织产权制度应具有开放性、流动性。现代农业微观经济组织的主要任务就是为社会提供农产品，使资本增值，实现收益最大化，要达到这个目的，就必须不断扩大生产经营规模，从事多种产品经营。因此，要允许投资者主体、经营者主体可以完全自主、随机地进入或退出。这种进入和退出的灵活性使法人产权制度保持旺盛的活力，刺激法人经济组织不断创新。

（二）必须在法律上和经济上真正独立自主

在农业经济中，农业微观经济组织是最基本的生产单位，是发展社会生产力的直接承担者。它虽然必须接受政府的行政制约，但它在法律上和经济上是独立于政府之外的，是自主经营、自负盈亏的商品生产者和经营者，并具有自我改造和自我发展的能力。农业微观经济组织只有具备了人、财、物、供、产、销等经营自主权，才能求得生存和发展。自负盈亏是微观经济组织自主经营的结果和表现，盈利还是亏损，是评价其经营成果的重要尺度，也是农户和职工获取利益的动力。微观经济组织只有在盈利的情况下，才能对国家作出贡献，收益越大，对国家的贡献也越大。微观经济组织在自主经营和自负盈亏的基础上，才谈得上自我改造和自我发展，并且是在市场竞争中图生存求发展的。竞争的压力迫使农业微观经济组织不断自我改造和自我发展，但其以自主经营和自负盈亏为基础，反过来又促进自主经营。总之，在市场经济中，农业微观经济组织必须是独立的，必须享有充分的自主权，必须具有自己独立的发展目标，这是现代经济制度的一个显著特征。

（三）必须具有适应市场要求的经营机制

农业微观经济组织作为社会经济的组织和细胞，作为具有独立经济利益的商品生产者和经营者，有着自己独特的结构和行为。就经济组织内部而言，存在着所有者、经营者及劳动者之间的联系，存在着动力与利益的关系，存在着决策及各种制约的关系。就经济组织外部而言，存在着经济组织的决策与市场调节、政府宏观调控的制约关系，存在着各经济组织之间的竞争与合作关系。因此，农业微观经济组织的经营机制就是这一经济组织内各构成要素之间相互联系和作用的制约关系、运行原理及整体功能的总称。农业微观经济组织必须具备适应市场经济要求的经营机制，才能获得最佳的经济效益。

现代农业微观经济组织的经营机制主要包括动力机制、竞争机制、约束机制和决策机制等。

1.动力机制

农业微观经济组织运行是否正常，运行速度快慢与否，内部的潜力是否能得到充分发挥，经济效益是否能达到最佳水平，主要取决于动力的大小，取决于动力机制是否合理。要充分发挥农业微观经济组织动力机制的作用，就必须利用好以下两个方面：一是物质利益激励。经济利益是微观经济组织经营活动的根本动力。在现实经济生活中，劳动者把自身作为经济组织的一个成员，把个人的劳动凝结于经济组织的联合劳动中，并通过经济组织同社会发生联系。经济组织经营活动效益的高低关系着每一个劳动者经济利益的实现程度，而劳动者经济利益的实现程度，又决定着劳动者对经济组织关心的程度及其劳动积极性。二是政治激励。在中国，政治激励应该成为调动劳动者积极性的重要动力源泉。所谓政治激励，是指对劳动者进行爱国主义、集体主义教育，激发劳动者建设中国特色社会主义的使命感和责任感，使其树立实现共同富裕的崇高理想。

2.竞争机制

竞争机制是商品经济中必然存在的经济机制。在市场经济中，等价交换关系客观地承认不同经济组织之间因劳动成果不同而产生的经济利益差别，默认不同的经济组织不同等的经营管理水平和技术水平是天然特权。市场经济的这一平等原则，客观地构成了经济组织的外部压力。为了实现收益的最大化，经济组织必须增强竞争意识、质量意识、成本意识，充分调动劳动者的积极性、主动性和创造性。这样，来自市场外部的竞争压力，就能够转化为经济组织内部的活力。

3.约束机制

任何一个经济组织都必须有自控能力，这就是所谓的约束机制。约束机制对经济组织在生产行为方面的约束具体表现为：经济组织必须根据政府的宏观调控、市场环境，以及本经济组织的人力、物力、财力的实际情况，来决定生产方向、规模、方式、生产要素的配置等，以求得最佳经济效益。约束机制对经济组织交换行为的约束表现为：经济组织必须根据市场供求、竞争状况对交换对象、数量、价格、方式作出正确选择，以求获得稳定的市场、良好的信誉和满意的交换结果。约束机制对经济组织分配行为的约束表现为：经济组织必须按照政策与规定，对可支配收入确定合理的分配比例，正确处理所有者、经营者、劳动者之间的利益关系，正确处理国家、集体、个人之间的利益关系以及长远利益和当前利益之间的矛盾等。

4.决策机制

经济组织经营的目标、发展规划和运行措施等，是靠决策机制进行抉择的。决策是行动的先导，决策正确与否直接关系到每一个经济组织经营的成败。特别是在高度社会化、市场化的经济条件下，市场竞争日趋激烈，科学技术迅速发展，新技术不断涌现，市场环境及信息复杂多变，这就要求每一个经济组织都要高度重视决策机制的建立和完善，只有经济组织根据市场的变化和各方面的要求，作出及时合理的经营决策，才能保证自身的健康发展。

（四）必须具有现代科学管理制度

以小农经济方式管理或以过去计划经济集中经营那种管理方式都不能适应市场经济的要求。因此作为适应市场经济的现代农业经济组织，其必须具有现代科学管理制度。经营管理，是指经济组织对一系列生产经营活动进行指挥和控制的活动过程。它必须按照客观经济规律，对经济组织生产或经营活动进行计划、组织、指挥、协调和控制，使经济组织行为的各个环节实现互相衔接、密切配合，使人、财、物各要素得到合理配置、充分利用，以更好地实现经济组织的任务和目标。现代农业微观经济组织经营管理的主要内容包括以下几个方面：

1.生产管理

生产活动是农业微观经济组织最基本的活动，其主要内容是：

通过合理安排各种生产要素和生产过程的不同阶段、环节和工序，使它们在时间和空间上平衡衔接，从而促进产品在生产运行过程中行程最短、用时最省、耗费最小，并能按照品种规格、质量标准、数量标准指标等生产出符合市场需要的农产品。

2. 质量管理

质量管理是在一定经济技术条件下，为满足消费者所要求的产品质量所进行的组织上、技术上的一系列管理活动。由于农产品具有鲜活的质量特征，因此，其质量管理不仅仅局限于生产领域，也包括流通领域。比如，农户辛辛苦苦生产出来的水果、蔬菜，如果由于在运输过程中保管不善，而在几天之内霉烂了，这样就会给农民造成极大损失，此类教训很多。

3. 劳动管理

劳动管理是社会化大生产的客观要求。社会化大生产的生产规模大，劳动分工细，协作性强，生产过程复杂，这就要求相关经济组织要通过劳动管理工作对劳动过程中的劳动力进行有效计划、组织、监督、控制、指挥和协调，这样才能保证生产顺利进行。生产社会化程度越高，劳动管理就越复杂，其作用就越大。劳动管理的主要内容包括：劳动定额和定员的确定，劳动过程的组织，劳动保护，劳动纪律的组织和实施，劳动工资计划的编制，劳动者技术培训等。此外，劳动管理还包括建立健全必要的规章制度，以调动全体劳动者的积极性，不断提高劳动生产率。

4. 财务管理

财务管理是以经济组织的资金运用为对象，运用调节货币量的形式进行的综合性管理工作，是经济组织对其资金的形成、分配、消耗、补偿进行合理组织、核算、监督等工作的总称。财务管理要求经济组织必须以市场需求为导向，努力做好资金的组织和供应工作，保证生产经营的需要。另外，财务管理要注意节约使用资金，开展经济核算，降低生产经营成本。财务管理的主要内容还包括：采取增加盈利的措施，为经济组织的发展获得更多的积累，合理分配经济组织的纯收入，正确处理国家、集体、个人三者的经济关系，遵守财经纪律和政府法规等。

5.科学技术管理

随着当代科学技术的飞速发展，科学技术管理逐渐成为农业微观经济组织的一项重要工作。实现农业增长方式的转变，最重要的一环就是要抓科教兴农，把农业发展转变到依靠科技进步和提高农民素质的轨道上来。具体来说，首先，要抓好农业科技成果的推广，以各种农业服务机构为载体，把新品种、新农技、新农艺及时推广到农业生产中使用。其次，要抓好农业科技培训，加快农业劳动者现代农技知识的更新步伐，提高农业劳动者科技素质。市场竞争的实质是科学技术的竞争，是科技人才的竞争，这一点越来越被广大农民所认识。所以，加强科学技术管理是现代农业微观经济组织生存和发展的重要条件。

四、农业微观经济组织变迁的制度环境

（一）经济体制转轨

一般认为，中国的经济体制改革应从农村开始，并以此为突破口推进全中国的经济体制改革，这是符合中国国情的战略决策。中国是一个农业大国，人口的大多数在农村。从整个农村的发展状况来看，从1957年到1978年，在这20年间，中国粮食总产量增长58.1%，年均增长2.2%；棉花总产量增长50.0%，年均增长1.95%；油料总产量增长2.6%，年均增长仅为0.12%。再从这三种主要农产品的全国人均占有量来看，1957年时，人均占有粮、棉、油分别为318.7千克、2.3千克和5.1千克；历时20年，到1978年，人均占有的粮食增加了12.7千克，而人均占有的棉花和油料反倒分别减少了11.5%和16.6%[①]。人均收入1957年为40.5元，到1978年为73.8元，

① 国家统计局.中国统计年鉴1993[M].北京：中国统计出版社，1993：364-365，390.

20年间来自集体分配的人均收入只增加了33.3元[1]。1978年，全国还有29.6%的生产队人均收入不足50元，其中人均不足40元的占16.3%。人均收入不足50元的困难县有377个[2]。20世纪70年代末至80年代初，中国农业的基础还相当薄弱，有相当一部分农民的温饱问题还没有解决。改革开放前的中国是一种"保护—束缚"非对称的农业经济体制[3]。在这样一种多"束缚"而少"保护"，甚至有"束缚"而无"保护"的体制下，农业生产力与农民生产的积极性势必受到严重的抑制——这种"保护—束缚"非对称的农业经济体制既谈不上公平，也缺乏物质生产的效率。因此，中国的广大农民对农业生产经营制度变革的呼吁极为强烈。在这种情况下，解决农村和农民问题，成为当务之急。邓小平说："工业的发展，商业的和其他的经济活动，不能建立在百分之八十的人口贫困的基础之上。"[4]"城市搞得再漂亮，没有农村这一稳定的基础是不行的。所以，我们首先在农村实行搞活经济和开放政策。"[5]

自20世纪70年代末起，中国经济开始从计划体制向市场体制转轨。在这个体制转轨或制度变迁的过程中，中国经济持续增长，创造了"中国奇迹"。农业作为中国经济体制转轨最早的领域，在经营制度上，中国以推行家庭联产承包责任制为突破口，先后采取了放开物价、开放农产品市场、大力发展乡镇企业、发展"三高"农业和外向型农业、推动农业规模化和产业化经营等诸多措施。这使农产品流通市场体系发展迅速、市场开放程度不断扩大。根据中共十一届三中全会的决定，从1979年起国务院及有关部门对农产品统购派购的范围和品种进行了重新规定，国家逐步减少了统购统销和限

① 梅德平.中国农村微观经济组织变迁研究(1949—1985)——以湖北省为中心的个案分析[D].武汉:华中师范大学,2004.

② 刘荣惠.国家对农业要实行宏观调控的总政策[J].中国党政干部论坛,1996(2):16.

③ 金雁,秦晖.十年沧桑:东欧诸国的经济社会转轨与思想变迁[M].北京:东方出版社,2012:10-12.

④ 邓小平文选:第3卷[M].北京:人民出版社,1993:117.

⑤ 邓小平文选:第3卷[M].北京:人民出版社,1993:65.

售的品种和数量，将统购统销改为按照不同情况实行合同定购和市场收购。进入20世纪90年代之后，中国确立社会主义市场经济体制的改革目标，农业领域也围绕变革农产品价格形成相应机制，逐步建立起农产品市场调节机制，出现了合同定购与市场收购两种交易方式并存的局面。21世纪以来，粮食流通体制改革成为农产品流通体制改革的主要内容，农业经济运行机制初步完成了从计划配置资源向市场配置资源的转变，市场在农业资源配置中的基础性作用显著增强，农业微观经济组织产生发展的环境条件发生了根本变化。农村经济的转轨，改变了中国农村基本的经济制度环境，同时，农业微观经济组织也不断地更迭和被替代。

（二）农地制度变革

农地制度是农业微观经济组织变迁最重要的制度环境。农地制度的变革，不但加快了农业生产要素的跨区流动，而且促进了农业微观经济组织的改造，进而有助于实现农业与国民经济的共同发展。

为明晰新中国农地制度变迁的演变逻辑，我们有必要对其变迁的历史轨迹进行梳理。基于产权演变的视角，结合新中国成立以来的农地政策调整，总的来说，新中国农地制度变迁的历史轨迹大体可以分为四个阶段，具体如表9-1[①]所示。

表9-1　农地制度变迁的政策梳理

阶段	时间	政策文件	政策要点
新中国初期的“产权合一”	1950	《中华人民共和国土地改革法》	废除地主阶级封建剥削的土地所有制，实行农民的土地所有制
	1953	《关于发展农业生产合作社的决议》	发展农业合作化，无论何时何地，都必须根据农民自愿这一个根本的原则，绝对不能够用剥夺的手段去把农民的生产资料公有化
	1955	《农业生产合作社示范章程》	将农业合作社的发展分为初级阶段和高级阶段

① 郑淋议，张应良．新中国农地产权制度变迁：历程、动因及启示[J].西南大学学报（社会科学版），2019(1)：48.

续表

阶段	时间	政策文件	政策要点
集体化时期的“两权分离”	1956	《高级农业生产合作社示范章程》	高级社具有社会主义性质
	1956	《1956年到1967年全国农业发展纲要》	按照社会主义的原则，把社员私有的主要生产资料转为合作社所有
	1962	《农村人民公社工作条例修正案》	建立“三级所有，队为基础”的基本制度
	1978	《农村人民公社工作条例（试行草案）》	不许包产到户，不许分田单干
改革开放以后的“两权分离”	1979	《关于加快农业发展若干问题的决定》	除某些副业生产的特殊需要和边远山区、交通不便的单家独户外，不要包产到户
	1980	《关于进一步加强和完善农业生产责任制的几个问题》	对于包产到户应当区别不同地区、不同社队，采取不同方针
	1983	《当前农村经济政策的若干问题》	地权释放范围进一步扩大
	1983	《关于实行政社分开建立乡政府的通知》	宣告人民公社体制的终结
	1984	《关于一九八四年农村工作的通知》	首提“土地使用权”，土地承包期应在15年以上
	1993	《中共中央国务院关于当前农业和农村经济发展若干政策措施》	在原定的耕地承包期到期后，再延长30年不变
	2008	《中共中央关于推进农村改革发展若干重大问题的决定》	现有土地承包关系要保持稳定并长久不变
	2013	《关于加快发展现代农业进一步增强农村发展活力的若干意见》	全面推进农村土地确权登记颁证工作
新常态以来的“三权分置”	2014	《关于全面深化农村改革加快推进农业现代化的若干意见》	在落实农村土地集体所有权的基础上，稳定农户承包权、放活土地经营权，初步确立“三权分置”框架
	2014	《关于引导农村土地经营权有序流转发展农业适度规模经营的意见》	坚持农村土地集体所有权，稳定农户承包权，放活土地经营权，正式提出“三权分置”的概念
	2016	《关于完善农村土地所有权承包权经营权分置办法的意见》	顺应农民保留土地承包权、流转土地经营权的意愿，将土地承包经营权分为承包权和经营权，实行所有权、承包权、经营权分置并行

新中国成立后，为顺应不同历史时期的现实需要，国家进行了一系列农地制度重大改革和创新。新中国农地制度变迁先后经历了新中国成立初期的“产权合一”、集体化时期的“两权分离”、改革开放以后的“两权分离”和新常态以来的“三权分置”四个阶段。

1949年10月，新中国成立，并于次年6月颁布《中华人民共和国土地改革法》，宣布着手进行新中国第一次大规模大范围的土地改革。农村改革和农业微观经济组织的创新，正是基于农地产权制度的重构，并随农地制度的持续创新而不断深入推进的。新中国成立初期，我国废除地主阶级封建剥削的土地所有制，实行农民的土地所有制，发展农业合作化。

集体化时期的“两权分离”是伴随着农业合作化政策的渐次调整而逐步形成的。那时公社和生产大队逐渐成为“所有权”主体，而生产队成为事实上的“经营权”主体，农地产权已经从农户所有转向集体组织所有，这可以被视为农地产权制度在集体组织内部的“两权分离”。正是在农地制度从“私有私用”到“公有公用”的变革中，农业微观经济组织实现了从个体农户向人民公社体制下的“三级所有，队为基础”的根本变迁，这种状态一直稳定至1978年中共十一届三中全会召开。

改革开放以来的“两权分离”阶段，经营权从生产队渐次下放到农户，以“所有权属于集体，承包经营权属于农户”为内容的集体和农户层次两分的“两权分离”农地制度正式确立并逐渐完善。此阶段实现了人民公社到农户承包经营的农业微观经济组织变迁。

新常态以来，“三权分置”的农地制度框架正式确立，为未来农地制度的改革指明了方向。农业微观经济组织不断丰富和多元化，各类合作经济组织、龙头企业日益成为农村土地经营的生力军。在保障承包农户土地财产权益的前提下，经营权向种养大户、家庭农场、合作社和龙头企业等有效率的经营者集中，这对多元化农业微观经济组织发展和农业组织结构优化具有重要作用。

（三）工农关系调整

工农关系的调整和变革是中国农业微观经济组织产生和发展的重要条件。新中国成立之初，中国虽然强调农业的基础地位，并注意到了工业与农业协调发展问题，但由于受当时特殊的国际、国内环境的影响，为快速发展，中国在有限的选项中选择了攫取农业农村剩余的方式来加速工业化进程，导致中国长期处在“以农补工”的特定时期。在计划经济体制下，农业和农村实际上成了社会主义高速工业化的牺牲品——在发展战略与制度安排上严重的政策倾斜使得农业和农民承担了过多的工业化成本，最终导致工农业比例失调。据测算，1952—1978年，国家通过农业税这种“明拿”和工业用的农产品价格“剪刀差”这种“暗取”方式，攫取农业剩余高达4874.2亿元①。通过运用农业的积累和农民的贡献、农村的支持，中国建立了比较完整的国民经济和工业化体系。这个时期中国虽然关注了农业，采取了加强农业基础设施建设、发展农用工业等方面的措施，但工业增长速度仍远远快于农业，农业和轻工业没有得到应有的发展。不仅如此，在当时，统购统销、人民公社、户籍制度构筑的城乡二元分割、工农分离发展的格局影响至今。

1978年12月，安徽省凤阳县小岗村18户农民“分田到户”的举动，拉开了中国农村改革的序幕。同年，中共十一届三中全会提出的农业问题——只有大力恢复和加快发展农业生产，才能提高全国人民的生活水平，其受到社会各界广泛关注。国家由此开始扭转长时期对农业“取”的政策方针，加大对农业“予”的力度，城乡关系和工农关系有了初步好转的迹象。但城市改革的快速推进，城市化、工业化进程的不断加快，又打破了这种均衡，中国出现了隐性和间接的“工占农利”。这一阶段的改革主要以城市为主，表现为以放权让利为主要特征的国有企业改革，企业实施所有权和经营权相

① 杨国才．论新一轮宏观调控背景下的新“三农”政策——对“新农业政策”的一个扩展[J]．农业经济问题，2005(3)：32.

分离等措施，这极大地促进了城市和工业的发展。可见，虽然农村改革和企业改革拉开了中国农村经济和城市工业快速发展的序幕，但其相互间协调性仍然较差，城乡仍没有形成互补的资源优势，反而出现了重复建设、互相争夺原料和市场、无序竞争等现象，城乡二元经济的大格局并没有从根本上被改变。

2000年后，国家及时调整工农关系和城乡关系。2004年中共十六届四中全会提出关于工农关系的“两个趋向”论断：在工业化初始阶段，农业支持工业、为工业提供积累是带有普遍性的倾向；但在工业化达到相当程度后，工业反哺农业，城市支持农村，实现工业与农业、城市与农村协调发展，也是带有普遍性的倾向。这一阶段，国家在政策安排上从过去被动式政策调整转变为主动为农业农村设计政策，如：推行农村税费改革，取消农业税；出台四项补贴（粮食直补、良种补贴、农资综合补贴、农机具购置补贴）政策等。国家与农民的关系实现由“取”到“予”的根本性转折，推动了工农关系迈入新的历史阶段。工农关系的调整与变革，使农业微观经济组织创新的环境条件明显改善。

五、农业微观经济组织变迁的动力机制

按照新制度经济学的解释，制度变迁之所以可能，是因为这是一种效率更高的制度对另一种制度的替代过程，通过制度替代和创新可以获得旧制度下没有的收益，亦即是通过制度变迁或者说制度创新可以将潜在收益变为现实收益。纵观中国农业微观经济组织变迁的历程，我们可以发现这一理论能够较好地解释农业微观经济组织变迁的动力来源。不同的制度安排在不同的历史时期发挥不同的作用，带来不同的绩效。

（一）降低交易费用

从农业实际情况来看，由于资源的稀缺性以及农户是市场农业

微观运行的基本主体，所以节省生产成本和交易成本对农户经营具有同等重要的意义，甚至节省交易成本的重要性更为突出。只有减少农户的交易成本，才能真正增加他们的收益。交易费用经济学认为，组织的存在是为了节省交易费用，用交易费用理论可以对中国农业微观经济组织变迁的很多方面给出合理解释。比如，新中国成立初期，建立互助组、初级社，使农民能够获得包括协作收益、分工收益、规模收益、风险处置收益等方面的额外收益，与此同时因组织创设所增加的组建成本、管理成本、监督成本等并未显著增加，因而互助组，初级社的建立是一项相对而言费省效宏的组织创新。改革开放后在农户家庭经营的基础上发展起来的合作经济组织也有类似的效果。家庭经营是明显优于生产队集体经营的，在从生产队集体经营向农户承包经营转变的过程中，农户家庭经营在生产环节获得分工收益和协作收益的同时，管理成本、监督成本、核算成本也大幅度降低，既减少了交易费用，降低了组织成本，又改善了动力机制，这体现了组织制度变迁带来的丰厚收益。在生产环节的组织创新问题得到较好解决后，将农业产前、产中、产后诸环节联结和融合，形成集种养加、或产供销、或贸工农为一体的经营方式，能够更加节约交易成本。一种降低交易费用、取得更大经济收益的诱致性的制度创新势在必行。因此，企业类组织的兴起和农业的产业化、企业化，成为继农户家庭经营组织兴起之后农业微观经济组织变迁的重要方向。

（二）解决现实矛盾

从制度经济学的角度看，当面临各种现实矛盾时，国家总会竭力解决以实现其目标，这也是农业微观经济组织变迁的重要动力来源。农业微观经济组织变迁需要政府在其中发挥重要作用，这种作用通过国家与政府的决策和相应的措施得到具体体现。农业微观经济组织从互助组、合作社到人民公社组织的变迁是自上而下的制度变迁，制度变迁的总体方向、速度以及经济组织内的基本制度的拟定，都充分展示了政府在促进制度变迁过程中所具有的强大优势，政府自始至终对这一过程进行监督和干预。改革开放初期，国家推行家庭联产承包责任制。进入21世纪以来，面临国际农业的强大竞争压力，以及城镇化进程中农村富余劳动力大规模向城市转移，农业兼业化、农民老龄化、农村空心化等问题，政府从农业微观经济组织创新的角度，积极引导发展农民专业合作社、家庭农场等新型组织，主动应对挑战。

（三）获取政策支持

中国农业发展需要不断获取政府政策的支持。农业需要扶持发展的项目多，需要扶持的对象更多，用地政策、财税政策、金融政策和公共服务等方面的政策供给相对有限，难以做到普惠性的全覆盖。因此，国家往往会限定享受政策的对象，将某类或具备某些特征的组织纳入享受政策优惠的优先序。很多主体为了享受优惠政策而积极推进组织形式创新，从而满足政策要求，这就构成了中国农业微观经济组织创新的重要动力来源。比如，党的十六大以来，一系列针对性强、含金量高的支持专业合作社发展的政策措施陆续出台，与《中华人民共和国农民专业合作社法》配套实施的登记管理条例、示范章程、财务会计制度等法规相继实施，农户按照“服务农民、进退自由、权利平等、管理民主”要求加入合作社，这些都为合作社发展提供了强劲的支持和动力。又比如，在中共十七届三中全会决定和2013年中央一号文件提出大力发展家庭农场之后，国家又出台了相关针对性的优惠政策，这也成为家庭农场迅速发展的重要诱因。

六、着眼于农业现代化

2018年中央一号文件《关于实施乡村振兴战略的意见》中，明确提出要按照产业兴旺、生态宜居、乡风文明、治理有效、生活富裕的总要求，不断促进乡村振兴并提出2035年农业农村基本实现农业现代化的战略部署。农业的现代化，事关中国建设社会主义现代化强国的大局。农业微观经济组织创新必须着眼于农业现代化。

（一）农业现代化的内涵

首先，现代化是一个世界性概念，它表明一个国家或地区的生产和管理水平在世界上处于领先地位；其次，现代化是一个动态性概念，现代化的标准不是永恒不变的，处于世界领先地位的国家或地区，其生产和管理水平在不断提高，因此现代化的标准也在不断提升。一国或地区是否实现了农业现代化，是指其是否成为能代表当代世界先进水平的农业国家。一国或地区只有在经济和技术上赶上、接近或超过当时先进国家的水平，才算实现了或基本实现了现代化。2007年中共中央、国务院发布的中央一号文件《关于积极开展现代农业扎实推进社会主义新农村建设的若干意见》全面阐释了中国新时期农业现代化的任务，即"用现代物质条件装备农业，用现代科学技术改造农业，用现代产业体系提升农业，用现代经营形式推进农业，用现代发展理念引领农业，用培养新型农民发展农业，提高农业水利化、机械化和信息化水平，提高土地产出率、资源利用率和农业劳动生产率，提高农业素质、效益和竞争力"。这就表明，中国所要发展的现代农业至少应该具备现代物质条件、现代科学技术、现代产业体系、现代经营形式、现代发展理念和新型农民等几个要素，以现代工业、现代科技、现代管理方法武装农业，大幅度地提高农业劳动生产率与商品率，实现农业的可持续发展。农业现代化不仅是农业生产手段、生产技术和组织管理的现代化，同时也与现代化进程中的其他子系统如城镇化、工业化等过程密切相关。

（二）中国特色农业现代化内涵的演进特征

1.认识上逐步丰富、深化并渐趋科学

农业现代化是伴随着工业化而出现的，它是产业结构变化规律与经济规律共同作用的结果，作为世界各国发展农业的共同方向，其内涵和特征具有世界共性，我们需要用全球化视角来审视农业现代化，要参照发达国家既有的最高水平来提高我国的农业现代化水平。但由于各国农业发展的自然条件和社会经济条件不尽相同，农业现代化的具体内容和标准具有差异性。立足基本国情和具体农情，是弄清一国农业现代化内涵的逻辑前提。新中国成立以来，中国共产党在领导中国特色农业现代化建设的过程中，一直强调要把马克思主义农业现代化思想同中国的农业实践结合起来，坚持探索“中国特色”。

（1）以苏联的经验为鉴戒。

在中国特色农业现代化内涵的探索阶段，由于时代局限，中共中央没有明确提出“中国特色”的概念，但中国的农业现代化建设经历了从简单效仿苏联模式到“以苏联的经验为鉴戒”的转变，这开启了中国式农业现代化探索的征程。在新中国成立前夕，毛泽东在中共七届二中全会上指出：“占国民经济总产值百分之九十的分散的个体的农业经济和手工业经济，是可能和必须谨慎地、逐步地而又积极地引导它们向着现代化和集体化的方向发展的，任其自流的观点是错误的”①。在这次会议上，毛泽东初步提出了新中国农业发展的基本方向，即农业现代化和社会主义集体化。新中国成立初期，党对于农业现代化的认识在很大程度上受到了苏联的影响。当时，中国在发展农业的过程中面临着极为特殊的国内外形势：其一，中共中央缺乏社会主义建设的经验；其二，当时的中国处在西方资本主义国家的全面封锁之中，缺少与外界的沟通渠道；其三，十月革命后苏联依靠高度机械化的集体农庄在农业现代化建设上取得了令

① 毛泽东选集：第4卷[M].北京：人民出版社，1991：1432.

人瞩目的成就；其四，中苏双方在意识形态上具有高度相似性。基于以上背景，当时的中国能够学习借鉴的国家只有苏联，效仿苏联模式，追求以机械化为核心的农业现代化成为历史必然。在缺乏社会主义建设经验时照抄苏联是完全必要的，后来也被历史证明是有效的。但随着我国社会主义实践的深入，苏联在建设过程中存在的一些缺点和错误逐渐暴露，中共中央开始对苏联模式进行反思。其中，毛泽东同志多次对苏联农业发展模式提出质疑。他在1956年《论十大关系》一文中指出："苏联的粮食产量长期达不到革命前最高水平。"[①]后又在致信刘少奇同志时谈到，已经实现了机械化的苏联农业，至今仍然陷于困境，要反思其农业政策。与此同时，毛泽东同志认识到"一切民族、一切国家的长处都要学"[②]，包括资本主义国家的先进科学技术。毛泽东同志思路的率先转变，在党内产生了良好的影响。中共中央其他领导同志开始拓宽视野，对西方资本主义国家的农业现代化进行深入了解和研究，周恩来就多次在不同场合提及中国农业现代化与西方资本主义国家的差距。可以说，当时的苏联农业建设，给中国的农业现代化建设树立了榜样，既提供了成功的经验，也带来了失误的教训。

（2）走出一条具有中国特色的社会主义农业发展道路。

在中国特色农业现代化内涵的形成阶段，1978年，中共中央在总结新中国成立30年来农业现代化建设经验的基础上，逐步意识到在农业发展方面探索"中国特色"的紧迫性和必要性。1978年中共十一届三中全会作出了关于加快农业发展的重大决策，强调要从我国基本国情农情出发，走出一条适合中国国情的农业现代化道路。这是"走中国特色农业现代化道路"最初表述，标志着中共中央已经意识到摸清中国基本国情和具体农情的重要性。邓小平在构思我国农业现代化的蓝图时，曾明确指出："我国农业现代化，不能照抄西方国家或苏联一类国家的办法，要走出一条在社会主义制度下合

① 毛泽东文集：第7卷[M].北京：人民出版社，1999：24.

② 毛泽东文集：第7卷[M].北京：人民出版社，1999：41.

乎中国情况的道路”[①]。在上述思想的指导下，1983年的中央一号文件对中国农业现代化建设作出了具体部署，即“要按照我国的国情，逐步实现农业的经济结构改革、体制改革和技术改革，走出一条具有中国特色的社会主义的农业发展道路”[②]。这一部署，为中国农业现代化建设指明了方向，为农业现代化内涵设置了边界：其一，中国的农业现代化必须是社会主义农业现代化；其二，中国的农业现代化只能是“中国式”农业现代化。

（3）走中国特色农业现代化道路。

在中国特色农业现代化内涵的确立阶段，中共中央把“三农”问题作为全党工作的重中之重，并首次明确提出“走中国特色农业现代化道路”。2006年2月，胡锦涛同志在一次有关“社会主义新农村建设”的讲话中指出：“要按照建设资源节约型、环境友好型社会的要求……实现人与自然和谐发展，走出一条中国特色农业现代化道路”[③]。这是党的文献中第一次出现“走中国特色农业现代化道路”的表述。2007年10月，党的十七大正式提出要“走中国特色农业现代化道路”，并将中国特色农业现代化道路作为中国特色社会主义发展道路的重要组成部分，开辟了中国农业现代化建设的新时代，为中国农业农村改革发展指明了方向。此后，中共十七届三中全会明确要求把走中国特色农业现代化道路作为在新形势下推进农村改革发展的基本方向；中共十七届五中全会进一步强调工业化、城镇化和农业现代化“三化”同步协调发展的政策，通过“三化”互动协调发展促进农业现代化建设。这意味着必须基于我国国情和农情对中国农业现代化的内涵加以阐释。

（4）加快推进农业农村现代化。

在中国特色农业现代化内涵的深化阶段，中共中央主动适应经济新常态，坚定不移走中国特色新型农业现代化道路，首次鲜明提

---

① 邓小平文选：第2卷[M].北京：人民出版社，1994：362.

② 十二大以来重要文献选编：上[M].北京：人民出版社，1986：254.

③ 十六大以来重要文献选编：下[M].北京：中央文献出版社，2008：82.

出实施乡村振兴战略。2012年11月，胡锦涛在党的十八大报告上明确提出："坚持走中国特色新型工业化、信息化、城镇化、农业现代化道路，推动信息化和工业化深度融合、工业化和城镇化良性互动、城镇化和农业现代化相互协调，促进工业化、信息化、城镇化、农业现代化同步发展"①。2014年中央一号文件进一步明确："努力走出一条生产技术先进、经营规模适度、市场竞争力强、生态环境可持续的中国特色新型农业现代化道路。"②这是中共中央根据当时国内外环境条件变化作出的战略选择，从"中国特色"和"新型"两个维度对农业现代化提出了新要求。"中国特色"是横向维度，就是要立足我国国情农情，符合中国经济社会制度和资源环境禀赋；"新型"是纵向维度，就是要顺应时代要求，着眼于中国经济社会发展所处的阶段，服从社会主义现代化建设的整体目标。随着农业现代化的深入推进，中共中央对其内涵的认识逐步深化。2014年9月，习近平在中央全面深化改革领导小组第五次会议上强调："现阶段深化农村土地制度改革，要更多考虑推进中国农业现代化问题，既要解决好农业问题，也要解决好农民问题，走出一条中国特色农业现代化道路"③。2017年10月，党的十九大首次提出实施乡村振兴战略，2018年和2019年的中央一号文件具体提出了通过实施乡村振兴战略加快农业农村现代化进程的基本路径。中央提出农业、农村现代化共同推进，既体现了新时代解决"三农"问题的客观需要，又从广义上阐释了农业现代化的含义，标志着农业现代化进一步被拓展为农业农村现代化，揭示了研究农业现代化必须结合农村现代化，农业现代化和农村现代化具有不可分割的关系。

2. 需求多元发展

农业现代化的目标取向，归根结底反映了在不同的历史时代经

---

① 胡锦涛文选：第3卷[M].北京：人民出版社，2016：628.

② 十八大以来重要文献选编：上[M].北京：中央文献出版社，2014：703.

③ 严把改革方案质量关督察关 确保改革改有所进改有所成[N].人民日报，2014-09-30(1).

济社会发展对农业的需求，它是准确概括农业现代化内涵的基础。社会经济环境的变迁引起社会需求的变化，从而导致农业现代化目标取向的变革。新中国成立后，尤其是改革开放以来，中国特色社会主义建设取得了巨大成就，广大人民对农业发展的需求层次逐步提高。在中国特色农业现代化内涵的演进过程中，其目标取向不断多元化，既有对初始目标的深化与延展，又有因经济社会发展而产生的全新目标，它随着生产实践的推进和需要不断地由低级向高级发展。

（1）单一需求：农业增产。

新中国成立之初，连年战乱使当时中国的农业生产遭到严重破坏，农业生产水平极低，主要农产品较战前年平均水平有大幅减产。1949年，中国全年粮食产量仅为11318万吨，人均产量209千克①。面对上述状况，党和政府就把恢复农业生产和解决全国人民的温饱问题作为农业政策的基本目标。经过三年恢复，1952年全国粮食产量和人均粮食产量较1949年都有了明显的增长，1952年，全国人口总数为5.75亿，粮食总产量达到16392万吨，人均粮食产量达到285千克②。尽管粮食产量有所提高，但农业的基础仍十分薄弱，特别是1953年中国完成战后的经济恢复，转入大规模经济建设后，在工业化快速推进和人口快速增长的双重因素作用下，粮食需求持续性增长，农产品供给严重短缺。基于此背景，毛泽东同志于1958年提出“以粮为纲，全面发展”的农业生产方针。其实质是追求农产品总量的增长，尤其是粮食产量的快速增长，缓解粮食供给短缺的压力。在这一目标导向下，1958—1977年全国粮食产量增长较快，增长率为41.4%；但由于同期人口增长更快，增长率为43.9%，人均粮食占有量长期徘徊在300千克左右，全国人民的温饱问题仍未得到稳定

① 郑艺阳.幸福的数据：70年，中国人的幸福感和获得感从何而来[EB/OL].(2019-10-02)[2020-01-12].https://baijiahao.baidu.com/s?id=1646278293172263958&wfr=spider&for=pc.

② 李小云，季岚岚.国际减贫视角下的中国扶贫——贫困治理的相关经验[J].国外社会科学，2020(6)：48.

解决[①]。

（2）双重需求：农业增产、农民增收。

到1978年，中国粮食总产量达30477万吨，人均粮食产量317千克[②]，农业整体来说仍十分薄弱，农产品供给形势依旧严峻，农村人口仍没有解决温饱问题。200多年前，“马尔萨斯陷阱”描绘了人口膨胀与粮食供给间的矛盾引起的可怕景观：饥荒、瘟疫与战乱。因此，实现农业增产，跳出“马尔萨斯陷阱”仍然是此阶段农业现代化的首要目标。但与改革开放前相比，我国农业增产的指向有所深化，由“以粮为纲”向“在坚持粮食生产的基础上，积极发展多种经营”转变，推动粮食生产进入快速发展时期。1987年党的十三大报告宣布解决人民温饱问题的目标已经基本实现。这一阶段，中国农业生产力水平和供给能力不断提高，农业总产值和主要农产品产量显著增长，2000年全国农业总产值达到24915.8亿元[③]，粮食产量达到46217.5万吨[④]。

与此同时，中共中央更加注重改善农民生活和增加农民收入，将促进农民增收列为农业现代化的重要目标。改革开放前，在计划经济体制和传统工业化战略下，农民收入增长极为缓慢，农村长期难以摆脱贫困。为改变这一状况，1979年中共十一届四中全会讨论通过《中共中央关于加快农业发展若干问题的决定》，提出了有关农业发展的二十五项政策措施。以此为起点，农民增收成为中共中央长期关注的问题。到1984年，农民人均纯收入为355.3元[⑤]，农民生活普遍得到改善，农村贫困人口数量从1978年的2.5亿人下降到1984

① 蒋永穆，卢洋，张晓磊. 新中国成立70年来中国特色农业现代化内涵演进特征探析[J]. 当代经济研究，2019(8)：12.

② 李小云，季岚岚. 国际减贫视角下的中国扶贫——贫困治理的相关经验[J]. 国外社会科学，2020(6)：51.

③ 李立华. 中国区域经济发展差距的总体特征[J]. 经济前沿，2003(9)：17.

④ 于法稳，黄鑫. 保障我国粮食生产综合能力的对策研究[J]. 中国国情国力，2020(5)：12.

⑤ 贾金荣，李瑞，雷小军. 农民收入问题及其农业经营中市场机制作用“被扭曲”的本质[J]. 西北农林科技大学学报(社会科学版)，2004(1)：1.

年的1.3亿人，贫困发生率从30.7%下降到15.1%①。20世纪80年代至90年代，中央促进农民增收工作的主要出发点是确保社会安定和工业发展。而20世纪90年代以后，中央则开始着眼于“三农”问题的解决和整个国民经济的发展。基于这一目标取向，1978—2001年中国农民人均纯收入逐年增长，年均实际增长约为7.4%②。

（3）三维需求：确保国家粮食安全、农民增收和农业可持续发展。

进入21世纪，随着农业产量的持续增长，中国农产品供求格局开始发生逆转，开始由长期短缺向总量平衡、丰年有余转变。经过改革开放以来的发展，中国农业的综合生产能力有了很大程度的提高，农产品供给日益丰富。但中共中央清醒地认识到农业依然是国民经济发展的薄弱环节，投入不足、基础脆弱的状况并没有改变，粮食增产的长效机制并没有建立，制约农业和农村发展的深层次矛盾并没有消除。在此背景下，确保国家粮食安全和重要农产品有效供给，仍然是农业现代化的重要目标。党的十六大以来，中央一号文件连续聚焦“三农”问题，始终强调粮食安全的重要性。同时，随着经济社会的发展和人民生活水平的提高，粮食安全的内涵有所拓展，以往粮食安全多注重粮食数量的安全，如今数量、质量安全并重。

农产品供求格局的转变，使得粮食短缺问题得到根本解决。但与此相伴的负面现象也开始显现，那就是农民收入增长放缓，城乡居民收入差距不断拉大。1996年以后，中国农民收入增幅连续下降，农民人均纯收入从1999年的2210.3元增加到2003年的2622.2元，年均递增率仅为3.8%③。为缓解这一状况，实现农民收入的持续快速增长，十六大以来中央在“以城带乡、以工促农”方针的推动下，将

---

① 欧阳晨雨.土改:艰难破冰[J].检察风云,2009(1):4.

② 蒋永穆,卢洋,张晓磊.新中国成立70年来中国特色农业现代化内涵演进特征探析[J].当代经济研究,2019(8):12.

③ 中国农村统计年鉴2016.农村居民人均纯收入和指数统计(1978-2015)[EB/OL].(2020-11-20)[2020-11-28].https://wenku.baidu.com/view/d38a9df8f21dc281e53a580216fc700abb6852ad.html.

农民增收列为“三农”政策的核心目标。2004年、2008年和2009年的中央一号文件，都重点关注农民增收问题，致力于形成农业增效、农民增收的良性互动格局。提高农民收入水平和生活水平，不断满足农民日益增长的物质文化需要，依然是这一阶段农业现代化的重要目标。2004—2010年农民收入实现持续性增长，2010年达到5919元，连续7年增幅超过6%，2010年农民人均纯收入增速达到10.9%，这是自1998年以来农民收入实际增速首次超过城镇居民①。

虽然中国农业发展取得了令人欣喜的进步，但仍面临着日益严峻的资源环境问题。面对人多地少的基本国情，面对农业资源约束趋紧、农业环境污染严重、生态系统退化的严峻形势，我国想要改善现状，就必须探索发展农业的新思路，转变农业发展方式，开创一种农业可持续发展模式。农业可持续发展模式是一种能够实现经济、社会、技术与环境协调发展的模式，并已经被确定为21世纪农业发展的理想模式和可行模式。党的十六大以来，中共中央高度重视农业资源节约和农业环境保护，将农业可持续发展列入与农业增产和农民增收同一层次的目标。党的十七大指出，必须把建设资源节约型、环境友好型社会放在现代化战略的突出位置。围绕这一要求，2007年中央一号文件和2008年中央一号文件相继提出，要提高农业可持续发展能力，积极探索生态农业、循环农业和低碳农业。农业可持续发展这一目标得以确立并延续下来。

（4）多元需求：保障粮食安全、农民持续增收、农业可持续发展和农业高质量发展。

进入新时代，中国农业综合生产能力稳步提高，粮食连年增收。然而，在国际形势复杂多变和中国经济运行下行压力不断加大的背景下，保障国家粮食安全和重要农产品有效供给的任务更加艰巨。党的十八大以来，伴随一系列重大战略的相继出台和落地实施，保障粮食安全和重要农产品供给这一目标不仅得以坚持，而且不断强化。2014年中央一号文件强调把饭碗牢牢端在自己手上；2016年中

① 张淑萍.我国粮食增产与农民增收协同的制度研究[D].北京:中共中央党校,2011.

央一号文件指明实施藏粮于地、藏粮于技战略；2019年中央一号文件提出实施重要农产品保障战略，加快推进粮食安全保障立法进程。从上述文件可以看出，我国粮食安全和重要农产品保障始终处于重要位置。从当前看，中国粮食安全保障能力显著增强，粮食安全形势稳中向好。

中国特色农业现代化的发展，始终坚持以人为本，切实维护农民利益，以实现农民增收为目标，让农民共享改革发展成果。虽然农业的稳步发展带来了农民收入的持续较快增长，扭转了城乡居民收入差距扩大的态势，但是，在经济增速有所放缓的情况下，保障农民连年增收仍然存在一定困难。2012年，党的十八大提出到2020年实现城乡居民人均收入比2010年翻一番的重大目标；2012年、2015年、2016年和2018年的中央一号文件都强调农民增收，推动农民收入持续较快增长；2019年的中央一号文件提出拓宽农民增收渠道，将农民增收的目标拓展为增收速度与方式“双管齐下”。

在日益趋紧的资源环境约束下，中国必须坚持农业可持续发展的目标。2012年，党的十八大提出要大力推进生态文明建设，强调给农业留下更多良田，构建科学合理的农业发展格局，将农业可持续发展目标与生态文明建设有机结合起来。2014年中央一号文件提出走生态环境可持续的中国特色新型农业现代化道路；2015年中央一号文件提出走资源节约、环境友好的现代农业发展道路；2016年中央一号文件提出加快形成资源利用高效、生态系统稳定、产地环境良好、产品质量安全的农业发展新格局；2017年中央一号文件提出农业农村发展由过度依赖资源消耗、主要满足量的需求向追求绿色生态可持续、更加注重满足质的需求转变；2018年中央一号文件提出坚持绿色兴农；2019年中央一号文件提出推动农业农村绿色发展。农业可持续发展的目标从单一方面拓展为多个方面，从微观层面转变为宏观层面，逐步深化。

随着中国农业农村发展进入新的历史阶段，农业的主要矛盾由总量不足转变为结构性矛盾，农业现代化的目标也在发生着转变，增加了农业高质量发展的目标。关于这一目标，具体有两方面表现：一是表现在农产品供给上，由单纯追求数量向追求供给质量、满足市场需求转变。2014年中央一号文件指出，要更加注重农产品质量安全；2015年中央一号文件指出，农产品生产要坚持数量质量并重；2015年中央农村工作会议强调，要提高农业供给体系质量和效率；2017年中央农村工作会议提出，要走质量兴农之路；2019年中央一号文件指出，要推进农业由增产导向转向提质导向。中共中央持续明确了农业生产和农产品供给在保证数量的同时要更加注重质量的目标导向。二是表现在农业生产经营方式上，由粗放型向集约型转变。2015年中央一号文件明确提出，要注重提高竞争力和农业科技创新；2016年中央一号文件强调，要提高农业质量效益和竞争力；2018年中央一号文件强调，要提高农业创新力、竞争力和全要素生产率，从而逐步解决农业大而不强、多而不优等突出问题。

3.实践中不断完善核心内容

传统农业向现代农业的转变，是实现农业现代化的必然要求。农业现代化作为一个动态概念，其内涵和外延往往随着社会经济的发展、生产力和技术的进步而不断变化。新中国成立至今，中国农业现代化的目标是不断演进的，所采取的手段和遵循的范式也是各有侧重的。同时，随着社会生产力的发展和科学技术的进步，农业现代化的核心内容也日臻完善。

（1）以机械化为核心的农业“四化”。

在中国特色农业现代化内涵的探索阶段，国家工业化战略的启动为农业发展提供了现代生产要素，中共中央从生产的角度阐释农业现代化。在进行农业社会主义改造的过程中，中国共产党对农业现代化形成了初步的认识。这一时期，由于受到苏联的影响，中共中央基本上以“机械化”来概括农业现代化的内涵。在农业合作化运动中，毛泽东认为合作化的目的是为了更好地推广机械化，他指出：“中国只有在社会经济制度方面彻底地完成社会主义改造，又在技术方面，在一切能够使用机器操作的部门和地方，统统使用机器操作，才能使社会经济面貌全部改观"①。基于此认识，中共中央于1956年1月为农业发展制定了一个长期奋斗目标，即"随着国家工业的发展，逐步地实行农业机械化"②。1957年以后，农村开始使用农药、化肥等，积极推广优良品种，使用新式农具，逐步实行农业机械化。至此，中国的农业投入实现了从传统投入向现代投入的根本转变，中国农业机械化的发展速度有了进一步提高，效果显著。1959年4月，毛泽东又强调，"农业的根本出路在于机械化"③，他甚至对农业机械化实现的具体时间作了测算。20世纪50年代末60年代初，中共中央开始重视和借鉴西方发达国家的经验，对农业现代化的认识进一步深化，其内涵被概括为"机械化、水利化、化学化和电气化"。中共中央于1959年10月在批转农业机械部的报告时指出："从1958年起以10—15年的时间实现农业现代化，即实现农业机械化、水利化、化学化、电气化。"④20世纪60年代初，周恩来提出，中国今后发展国民经济的主要任务，就是要在不太长的历史时期内，把中国建设成为一个具有现代农业、现代工业、现代国防和现代科学技术的社会主义强国⑤。1961年3月，周恩来在中央经济工作会议上又指出"必须从各方面支援农业，有步骤地实现农业的机械化、水利化、化肥化、电气化"⑥，明确将"四化"作为农业现代化的内涵。进入20世纪70年代后，中国农业机械化的水平有了长足的进步，在1971年8月召开的全国农业机械化会议上确定了中国农业现代化发展的整体目标为全面实现农业机械化。20世纪70年代初，中国尚未实行改革开放，在农业机械化目标的推动下，国家加大了农业生产的投入，农业生产条件得到了极大的改善，中国农业现代化

---

① 毛泽东文集：第6卷[M].北京：人民出版社，1999：438.

② 建国以来重要文献选编：第8册[M].北京：中央文献出版社，1994：52.

③ 毛泽东文集：第8卷[M].北京：人民出版社，1999：49.

④ 马齐彬，陈文斌，林蕴晖，等.中国共产党执政四十年（1949—1989）[M].北京：中共党史资料出版社，1989：173.

⑤ 周恩来经济文选[M].北京：中央文献出版社，1993：563.

⑥ 曹应旺.中国的总管家周恩来[M].上海：上海人民出版社，2006：102.

的发展有了可喜的变化。这期间，中国农业现代化的发展主要体现在农业技术和生产方式的变革上，农村广泛开展农业机械化、水利工程、农业基础设施建设等工程，生产手段和劳动模式等方面都得到了不同程度的进步和改善。总的来看，从新中国成立到改革开放这一历史时期，中国农业现代化虽然从理论政策到实践都取得了一些成绩，为以后中国特色农业现代化道路的探索奠定了基础，但是将农业现代化等同于农业机械化是有失偏颇的。

（2）以科学化为核心的农业"新四化"。

在中国特色农业现代化内涵的形成阶段，农业科技的进步使我们对现代农业的认识突破了原有局限，而农村改革则使农业现代化的内涵延伸至经营管理层面。早在20世纪70年代，邓小平同志就对以机械化为核心的农业现代化进行了深刻反思。他在准确把握中国国情和农情的基础上指出，要在人多地少的情况下生产出更多农产品，单靠机械化是不够的，还要更多地依靠科学技术工作。因此，"农业现代化不单单是机械化，还包括应用和发展科学技术等"[①]。邓小平十分强调科学技术的作用，明确提出了"科学技术是第一生产力"的论断。在发展农业生产力的问题上，他明确提出"农业的发展一靠政策，二靠科学"[②]。邓小平关于农业与科学技术关系的论述，既着眼于中国特殊的国情又放眼于世界科技革命的大趋势。他认为中国的基本国情是人多地少，这一基本国情决定了中国发展农业、增加农产品有效供给的途径不可能是广种薄收，要走依靠科学技术进步，通过集约化经营来提高农业劳动生产率的新路子。他说："四个现代化，关键是科学技术的现代化。没有现代科学技术，就不可能建设现代农业、现代工业、现代国防。"[③]1988年9月，在阐发"科学技术是第一生产力"时，他提出："将来农业问题的出路，最

① 邓小平文选：第2卷[M].北京：人民出版社，1994：28.

② 邓小平文选：第3卷[M].北京：人民出版社，1993：17.

③ 邓小平文选：第2卷[M].北京：人民出版社，1994：86.

终要由生物工程来解决，要靠尖端技术”[①]。1989年6月，邓小平在与几位中央负责同志谈话中，再次强调：“农业问题也要研究，最终可能是科学解决问题”[②]。这一精辟论断，标志着党明确将科学化作为农业现代化的核心，及时跟上了世界农业现代化发展的步伐。中共中央对农业“新四化”的探讨，始于中共十一届三中全会。中共十一届四中全会上对农业现代化建设作出了全面部署，内容涵盖农业生产和农业经营过程中的多个方面，突破了原有认识（将农业现代化概括为“机械化、水利化、化学化和电气化”）的局限，丰富了农业现代化的内涵。进入20世纪90年代，以江泽民同志为核心的中国共产党人在市场化背景下，发展了邓小平同志关于农业现代化的论述。1992年3月，第七届全国人民代表大会第五次会议上提出要“大力发展高产优质高效农业”。同年9月，国务院出台《关于发展高产优质高效农业的决定》进一步指出：“九十年代我国农业应当在继续重视产品数量的基础上，转入高产优质并重、提高效益的新阶段”[③]。这标志着中国农业现代化建设进入了重要的历史转折期。发展高产优质高效农业，其实质是以市场化为导向，以科学化为核心，推进农业产业化经营，促进生产集约化和服务社会化。至此，这一时期中共中央关于农业现代化的认识可以概括为“科学化、集约化、社会化和产业化”，其中“科学化”为农业现代化的核心。这一概念的实质是使农业与科学相结合，用现代装备、现代科技和现代管理来发展农业。应该说，农业“新四化”是对农业现代化内涵比较完整的概括。在此认识的指导下，中国农业现代化实践取得了跨越性发展，农业产出快速增长。

（3）以复合化为核心的农业现代化。

在中国特色农业现代化内涵的确立阶段，农业现代化的内涵在科学发展的框架下得以全面阐释。这一时期，中共中央从城乡统筹

---

① 邓小平文选：第3卷[M].北京：人民出版社，1993：275.

② 邓小平文选：第3卷[M].北京：人民出版社，1993：313.

③ 十三大以来重要文献选编：下[M].北京：人民出版社，1993：2204.

和工农业协调发展的角度出发，对农业现代化建设作出了一系列论述和工作部署。在此基础上，2007年的中央一号文件以“发展现代农业”为主题，对如何发展现代农业进行了较为全面的阐述，这一阐述涵盖现代农业要素的强化、农业产业体系的构建、农业生产组织形式的完善和农业发展模式的转变等方面，表明农业现代化是多方面变革的综合体，是生产力发展与生产关系调整的复合体。在农业现代化的推进中，中共中央在注重农业全面发展的同时，还根据不同时期农业的发展情况，对其核心内容进行了调整。“2008年10月，中共中央出台《关于推进农村改革发展若干重大问题的决定》，强调必须统筹城乡经济社会发展，统筹工业化、城镇化、农业现代化建设，加快建立健全以工促农、以城带乡长效机制，实现城乡、区域协调发展。文件的出台标志着我国农业现代化政策进入到一个新阶段和对中国特色的农业现代化认识进一步深化。”①2011年中央一号文件以“水利改革发展”为主题，侧重于加快农田水利设施建设，指导我们致力于改变农田水利建设滞后的局面。这是新中国成立以来中共中央出台的首个关于水利事业的专门性文件，突出了农业水利化在这一时期的重要作用。2012年中央一号文件以“农业科技创新”为主题，突出了农业科技创新重点，侧重于明确农业科技创新方向，提升农业科技创新能力。随着我国对农业现代化认识的不断完善，“三农”发展进入黄金期，粮食生产连续增收，农民收入持续增长。

（4）以系统化为核心的农业现代化。

任何一种认识发展到一定阶段后，就会产生系统化的要求，即运用逻辑手段，赋予分散的概念以体系化的形式。在中国特色农业现代化内涵的深化阶段，中共中央对系统性阐释农业现代化内涵进行了尝试。着力构建现代农业产业体系、生产体系、经营体系，是党在新起点、新阶段关于农业现代化建设的重要思想。党的十八大以来，习近平同志先后在不同场合强调，要以构建现代农业产业体

① 曹俊杰.新中国成立70年农业现代化理论政策和实践的演变[J].中州学刊,2019(7):41.

系、生产体系、经营体系为抓手，加快推进建设农业现代化。其中，现代农业产业体系和生产体系属于生产力范畴，现代农业经营体系属于生产关系范畴，三大体系是一个有机整体，彼此联结、互为依托、互相促进，共同影响现代农业的供给总量、结构、质量和效率。“三大体系”论的提出，是中共中央对前一时期关于农业现代化的全面认识的体系化。中共中央对农业现代化的系统性阐释，具有高度的开放性和巨大的包容性：从发展框架上提出了“三大体系”；从发展方向上提出了“一条主线”，即农业供给侧结构性改革；从发展思路上提出了“新发展理念”。由此，农业现代化的核心内容可概括为“一条主线”“三大体系”“新发展理念”。2015年中央农村工作会议提出了“农业供给侧结构性改革”的概念，指出要加强农业供给侧结构性改革。2015年中共十八届五中全会通过的《中共中央关于制定国民经济和社会发展第十三个五年规划的建议》提出了必须牢固树立创新、协调、绿色、开放、共享的发展理念，在农业农村工作方面特别强调要大力推进农业现代化。2016年中央一号文件聚焦落实发展新理念，加快农业现代化，实现全面小康目标，对当前和今后一个时期农业农村工作作出全面部署。以新发展理念深化农业供给侧结构性改革，为新时代质量兴农战略的实施提供了全新的视角，对于实现农业的高质量发展具有强烈的现实指导意义。2017年中央一号文件以“农业供给侧结构性改革”为主题，强调要把深入推进农业供给侧结构性改革作为当前和今后一个时期“三农”工作的主线，明确农业供给侧结构性改革是一个长期过程，表明农业供给侧结构性改革在农业现代化发展过程中将长期发挥作用。新发展理念和农业供给侧结构性改革的提出和实施，有利于农业现代化的内涵随实践的深入而不断丰富和发展。

（三）农业现代化的目标

加快推进农业现代化是中国提升农业竞争力、实现由农业大国向农业强国转变的必然要求，也是中国全面建设社会主义现代化国家的重要基础。中国农业现代化是由传统农业向现代农业转化的历史过程，是指在家庭承包经营基础上，在市场机制和政府调控的综合作用下，以保障农产品供给、增加农民收入、促进可持续发展为目标，以现代科技和装备为支持，提高农业劳动生产率、资源产出率和商品率，建成农工商贸紧密衔接、产销融为一体、多元化的产业形态和多功能的产业体系。

七、着眼于农业企业化

农业是一个复杂而庞大的系统。世界农业发展的历史经验表明：农业现代化过程既是农业劳动力分化转移的过程，也是农业生产经营企业化的过程，还是农业组织与规模不断完善和创新的过程。对于农业人口仍占大多数的中国而言，农业企业化经营是进一步推动农村市场化，使农业生产跳出家庭这一目标框架的有效途径，是农业经济体制领域内的重大突破。

（一）农业企业化的内涵

农业企业，是指使用一定劳动资料，独立经营，自负盈亏，从事商品性农业生产及与农产品直接相关的经济组织。农业企业与乡镇企业不同，乡镇企业在农村中主要从事非农产业，只有极少数属于农业企业。农业企业通常有三类：一是农产品生产企业；二是农产品加工企业，主要包括农产品初级加工企业；三是农产品流通企业，即农产品的运输与销售企业。这三种农业企业类型并不总是截然分开的，农业企业可以是混合型或者从某种类型发展为混合类型的企业。

农业企业化是一个发展的过程，它是根据市场经济运行的要求，以市场为导向，以经济效益为中心，以农业资源开发为基础，在保持家庭联产承包责任制稳定不变的前提下，在现有农村生产力水平和经济发展水平基础上，把分散经营的农民组织起来，从而聚集力量，装备和武装农业，既调整增量，扩大新经济增长点的生产规模，也调整存量，优化资源组合，从而全面提高农业生产力，解决农业生产过度分散化和非组织化这一当前中国农业问题的主要症结的过程。农业企业化是农业现代化的重要途径。

（二）农业企业化的特征

商品化。农业企业化是由传统农业逐渐向现代农业转化的过程，也是农业经济由自然经济发展到商品经济的过程，在此过程中实现农业商品化生产。农业商品化需要农户面对市场的变化时，能够按照市场要求调整农产品结构，以实现农产品商品化，从而获得市场效益。

企业化。农业企业将农户或家庭农场主逐渐变为企业的经营管理者，使家庭农场成为真正的企业，从而实现农业经营主体的企业化。农业企业面向市场，自主经营，独立核算，以盈利为目的。农业经营主体企业化使家庭农场内部实行企业化经营，也能够规范组织结构，使生产与管理更加科学。

专业化。具体来讲，农业生产专业化包括地区专业化、部门专业化、农场专业化、工艺专业化。通过专业化生产，农民可以集中优势资源，实现生产要素合理配置，降低成本，提高效率。因此，要尽可能调动农民的生产积极性，为农业专业化生产聚集劳动力。

（三）农业企业化的目标

中国农业发展的理论及实践证明，家庭经营适合农业生产经营的特点，具有广泛适应性。世界各国都是以家庭经营组织作为农业微观经营的主要组织形式。美国等农业现代化和农业企业化水平比较高的发达国家，也都是以家庭农场作为农业微观经营的主要组织形式。2013年中央一号文件提出要鼓励和支持承包土地向专业大户、家庭农场、农民合作社流转，发展多种形式的适度规模经营；2015年中央一号文件又明确提出要推进家庭农场的企业化进程。据农业部统计，2013年初我国符合统计条件的家庭农场达87.7万个；2015年底我国在县级以上农业部门纳入名录管理的家庭农场超过34万户，在工商部门登记注册的家庭农场达到42.5万户。可见，家庭农场已成为我国实现农业企业化的重要载体①，这预示着建立以家庭农场为核心的农业企业化经营组织体系是农业企业化可以预见的终极目标。

中国实行家庭承包经营制度以来，确立了农户的生产经营主体地位。这一制度的落实极大地调动了农民的积极性，使我国农业发展取得了举世瞩目的巨大成效。这充分证明了家庭经营的优越性以及家庭经营作为农业微观经营组织基本形式的有效性和长期性。家庭承包经营制度是符合我国国情的，推行农业企业化是对家庭承包经营制度的继承、创新和完善，而不是否定。农业企业化是转变农业发展方式、提升农业竞争力的重要抓手，是从根本上解决农业生产与市场隔绝问题的有效途径。

实践证明，随着农业企业化的推行和不断发展，大部分小规模农户会逐步发展为家庭农场，同时，其他组织形式的农业企业也会得到相应发展，如合作制农场、公司制农场以及各种农业公司等。尤其是随着农业产业分工的细化和协作的深化，各种产前、产后农业企业以及产中服务企业等也获得很大发展。

因此，中国必须根据农业微观经济组织的发展趋势和现实基础，合理确定农业企业化的长期目标。根据以上分析，笔者认为中国农业企业化的长期目标应该也必然是建立起以具有现代企业特征的家庭农场为核心、其他企业形式并存的现代农业企业化经营组织体系。

农业企业化是一个漫长的过程，这决定了中国农业企业化目标的实现需要相当长的时期。农业企业化长期目标必须具体化为不同经济发展阶段、不同经济发展地区的短期目标。

不同发展阶段和地区农业企业化短期目标的差别主要是由于各种农业企业化经营组织的发展程度及其结构不同。由于短期目标的

① 陈军民.中国式家庭农场经营管理的企业化研究[J].农村经济与科技,2018(9):168-170.

多样性和差别性，试图对各种短期目标给出一个统一界定，不仅是困难的，也是没有必要的。各地在不同初始条件下推行农业企业化的方式和进程各不相同，但都会经历由推行到展开，再到进一步推进的过程。农业企业化的全面展开是其由量变到质变的重要标志，是中国推行农业企业化应该确定和达到的一个重要短期目标，也是一个具有普遍意义并可以明确界定的标志性短期目标。具体来讲，这个具有标志性的短期目标应该确定为：实现传统经营农户向企业化经营农户的基本转变，大力发展各种农业准企业以及农业企业，使大部分农业微观经济组织转变为企业化经营组织，使农业企业化全面展开。

（四）中国推行农业企业化的必要性

1.有利于推进农业市场化进程

农业企业化有利于促进农业生产中土地、技术、资金和劳动力等要素的整合、集中，也有利于使农业生产资源由分散走向集中，推动农业集约化生产以及区域化布局，优化农产品的生产结构，完善农产品销售体系，打破“小而全”的经营方式，提高农业专业化、商品化、规模化及农民组织化水平，增强市场开拓能力，降低市场交易费用。与此同时，农业企业化的推进可以使农业在发展过程中有效克服与避免小规模农户的有限理性、信息闭塞及其基础上的“合成谬误（Fallacy of Composition）”和过度竞争，从而可以改善市场竞争结构，促进市场发育和市场体系完善，进而促进农业市场化进程。

2.有利于提高农业产业组织水平

推行农业企业化，重塑农业产业化经营的微观基础，能够使农业微观经营主体逐步具有企业特征，如以追求利润最大化为目标，以市场需求为导向，进行专业化、商品化生产等，也必然能促进农业产前、产中、产后各环节分工的进一步细化，分工的细化又必然使协作不断深化，使各农业企业化经营组织之间进行横向一体化和纵向一体化经营。同时，分工与协作的细化和深化，可以促进农业产业链条进一步延伸、农业产业结构不断优化、农业产业体系更加健全和完备，进而推进农业产业化进程，并促进农业产业组织水平的提高。

3.有利于提高农业国际竞争力

推行农业企业化，有利于塑造出能适应国际农产品贸易及市场变化要求的农业微观经营主体。该经营主体会积极参与国际范围内的分工协作及资源配置，依据国内外市场需求，调整生产经营结构，进行专业化、商品化生产经营；也会通过扩大经营规模、积极采用先进农业技术和改良品种等方式，提高农产品质量、降低生产成本；还会通过提高进入市场的组织化程度，采用现代化营销手段和方式等，提高自身市场谈判能力，增强国际市场竞争力。

4.有利于增加农民收入

推行农业企业化，既可以实现农业生产规模扩大，也可以通过促进农业产业化经营等实现产业规模扩大，提高农业规模效益。同时，也有利于提高农民组织化程度，增强农民自我保护能力，增加农民收益，减少农民利益损失。另外，农业企业化本身会促使一部分农民退出农业生产环节，这也可以体现出农业生产环节劳动生产率的提高，从而增加农民的农业收入。与此同时，农业企业化又会通过促进农业产前、产中、产后环节的分工细化，使产前、产后一些环节独立并产业化，这可以为转移出的农民创造第二、三产业的就业机会，拓宽农民就业和增收渠道。在市场经济条件下，农业企业作为市场主体，一头连着市场，一头连着农户。农业企业与农民有着天然的联系，大力发展农业企业具有“建一企而牵万户”的功效。实践证明，凡是农业企业办得多办得好、农业企业化水平较高的地方，农业的经济效益就比较好，农民收入的增长渠道就比较稳定，农村富余劳动力的转移、农村城镇化进程就比较快。

（五）农业企业化与几个相关概念的比较分析

1.农业企业化经营与家庭承包经营的比较分析

家庭联产承包责任制实行以来，我国在坚持土地集体所有的前提下，将土地承包权和使用权转给了农户，使农户成为农业微观经营的主体，使家庭承包经营成为农业发展的微观基础。农业企业化是在坚持家庭联产承包责任制的前提下，基本口粮田、水田和高产粮田仍然按原承包方式保持基本不变，通过提高农户企业化经营水平、发展农业准企业和企业等，对农业微观经营主体尤其是小规模经营农户进行改造，使其进行企业化经营。在此情况下，农业企业化经营也成为农业发展的微观基础。因此，家庭承包经营和农业企业化经营都是农业发展的微观基础，二者在农业发展中属同一个层次。农业企业化虽然在一定程度上改变了农业生产资料所有权、使用权及其基础上的分配关系，但从根本上讲并没有改变农村土地集体所有及家庭联产承包责任制。因此，推行农业企业化经营不是对家庭联产承包责任制的否定，而是对其进一步的完善和创新，是在保持家庭联产承包责任制不变的基础上，对农业生产力要素的优化与重组，是将现代组织形式和经营方式、现代管理理念和方法、现代技术、人才等引入农业的体现，有利于建立起适应市场经济和农业现代化要求的农业微观经济组织基础。在家庭联产承包责任制的基础上，农业发展可以实行农户分散生产的经营模式，在条件允许的地方也可以实行企业统一经营的生产模式。在我国农业发展实践中，无论是涉农企业与农户进行紧密协作来实现外部经营规模扩张，还是涉农企业通过土地的连片集中来实现内部经营规模扩张，它们都没有动摇家庭联产承包责任制的核心，即农民手中的土地承包使用权。家庭承包经营作为我国农业基本经营制度的核心和农业微观经营主体的主要形式，将会长期存在。但是，我国农业生产中传统的“小而全”经营方式将会逐步被现代农业企业化经营方式所取代，小规模经营农户和企业化经营组织虽然会在较长时间内并存，但前者会逐步被后者取代。所以，把农业中的企业统一经营对农户分散经营的否定等同于对家庭联产承包责任制的否定是错误的，在坚持家庭联产承包责任制的基础上完全可以实现农业的企业化经营。

2.农业企业化经营与农业规模经营的比较分析

农业企业化需要农业微观经济组织具备一定的规模。首先，农业分工与协作及一体化程度越高，对农业微观经济组织的规模要求就越高。农业企业化深化了农业分工与协作，延长了农业产业链，使农业产前、产中、产后各环节有机结合起来，突破了农业生产经营组织主要依托土地的局限，这对农业微观经济组织经营规模的扩大提出了要求。其次，根据制度经济学理论，资产专用性程度越高，所要求的与之匹配的经营组织规模也越大。农业微观经济组织企业化主要表现为要具有科学的内部组织结构，能够将各种实体性、组合性、渗透性生产要素用于生产经营，以市场为导向，以追求利润最大化为目标，进行专业化、商品化生产经营。实现农业微观经济组织企业化，要求农业发展必须增加专用性资产和人力资本尤其是现代经营管理人力资本的投入，提高资产的专用性程度，这样农业微观经济组织的规模就会扩大。再次，专业化、商品化生产经营是农业企业化的典型特征，而专业化、商品化生产经营又以一定的经营规模为前提，这也对农业微观经济组织的经营规模提出了要求。最后，伴随着农业微观经济组织企业化的是现代生产要素的引入，而现代生产要素效率和效益作用的充分发挥要求农业微观经济组织必须达到一定规模。

农业非土地经营企业规模的扩大表现为生产要素的集聚，在企业化推进过程中，它们通过生产要素的重组与集聚可以在短时间内实现规模经营。农业土地经营企业规模的扩大则主要表现为土地规模的扩大，在人地矛盾突出的情况下其发展将会受到限制，但这并不必然制约农业企业化。这是因为农业规模经营有两种形式，一是农业经营组织规模化，二是农业经营对象规模化。前者是指农业微观经营主体个体规模的扩大，属于外延意义上的规模经营。后者是指通过农业经营组织创新，如农业产业化经营等，在农业微观经营主体个体规模保持不变的基础上，对土地进行统一经营，实现土地规模经营，属于内涵意义上的规模经营。在一些经济发达地区，农村第二、三产业有很大发展，具有稳定非农收入的农民有转出土地的意愿。在这些地区可以通过完善土地流转机制，扩大土地经营规模，实现外延意义上的规模化经营。在一些经济不发达地区，非农就业空间小，农民仍把土地看得很重，短期内难以实现土地集中和规模经营。在这些地区，可以通过农业产业化等实现内涵意义上的规模化经营。因此，虽然农业企业化以一定程度的规模经营为前提，但并不必然要求农业微观经营主体完全实现外延意义上的规模经营，通过内涵规模扩大也可以满足农业企业化的要求。同时，农业企业化可以促进农业规模经营的实现，一方面，农业企业化能够将传统经营农户转变为企业化经营农户，这也是实现农业经营对象规模化的过程；另一方面，农业企业化本身会促进农业产前、产中、产后各环节的分工细化，使产前、产后一些环节独立出来并产业化，促使一部分农业剩余劳动力转移出农业生产环节，这样有利于扩大土地经营规模，实现农业经营组织的规模化。

3.农业企业化与农业产业化的比较分析

农业产业化在许多国家也被称为农业一体化（Agricultural Integration），20世纪50年代起源于美国，随后在西欧等国家和地区广泛流行，经过半个多世纪的发展，它在理论和实践上已经趋于成熟。中国农业产业化始于20世纪90年代初，山东省在总结农业和农村经济发展经验的基础上，将其作为一种新的农业经营组织创新形式提出，随后得到理论界和中央的肯定，并在全国得到推广和普及。农业产业化作为市场经济条件下发展农业的一种新的有效产业组织形式，是传统农业走向现代农业的必然选择，是“吃饭农业”走向“效益农业”的必由之路。关于农业产业化的含义，“一般认为：农业产业化是以市场需求为导向，以经济效益为中心，以主导产品为重点，对农业实行区域化布局、专业化生产和社会化服务，形成种养加、产供销、贸工农、经科教紧密结合的一体化经营体系和运行机制，将农业的产前、产中和产后诸环节整合为一个完整的产业系统，使农业逐渐步入自我积累、自我发展、自我约束、自我调节的良性循环的发展轨道，使农业逐渐由‘弱势产业’转变为‘强势产业’”[①]。农业产业化的本质是通过建立与市场经济相适应的农业产业体系，使农业资源及生产要素能够在更大的范围内和更高的层次上得到重新组合和优化配置，产生出最佳的经济效益，它既包括农业生产关系的调整，也包括农业生产力水平的提高。根据产业组织理论原理，农业产业化是建立在农业微观经济组织基础之上，强化其相互间及与市场间的关系，促进农业产业结构高度化和多样化的一种农业经济组织方式创新的过程。

农业企业化不同于农业产业化。农业企业化是通过农业经营组织制度创新及相关政策调整，对农业微观经济组织企业化改造的过程，主要体现为生产关系的革命。实行农业产业化的主要任务是解决农业产业的内部结构不合理及其与其他产业之间关系不合理的问题；农业企业化的主要任务则是解决目前农业生产过度分散化以及农民非组织化的问题。而且，按照经济学分类，农业企业化属于微观经济层面问题，农业产业化属于中观经济层面问题，农村经济发展属于宏观经济层面问题。农村宏观经济发展依赖于农业微观经济的发展，介于两者之间的是农业产业化。另外，农业企业化与农业产业化又具有内在联系，一方面，推行农业企业化，会使农业微观经济主体逐步具有企业特征，如突破“小而全”经营方式，追求利润最大化，按照市场要求组织生产经营等，使农业产前、产中、产后诸环节的分工与协作不断细化和深化，其逻辑结果必然是农业产业化；另一方面，农业产业化的推进，使农业产业结构不断高度化和多样化，并要求农业微观经济主体必须逐步具备企业化经营特征，其为农业企业化创造了广阔前景和空间，大大加快了农业企业化进程。因此，农业企业化是农业产业化发展的微观基础，农业产业化

① 张忠波.发展农业企业化应当处理好的几大关系[J].天水行政学院学报,2014(1):29.

是农业企业化的表现形式，两者互为表里，缺一不可。

4.农业企业化与农业现代化的比较分析

农业现代化的核心是不断把现代生产要素引入农业，不断促进农业产业结构高度化和一体化水平提高，并形成具有较强竞争力的农业产业体系。农业企业化则是农业微观经营主体逐步按照企业特点与要求进行生产经营的过程。两者相比，农业企业化是农业微观经济组织意义上的概念，农业现代化是农业产业意义上并能涵盖农业企业化的整体概念。二者之间虽有区别，但又具有内在联系：一方面，农业企业化能塑造出自主经营、独立核算，以市场需求为导向，以利润最大化为目标，能进行专业化、商品化、集约化生产经营并具有引入现代生产要素内在需求的农业企业化经营主体。农业企业化经营主体会积极参与社会分工与协作，促进农业分工细化和协作深化，促进农业专业化、商品化、集约化、一体化、社会化水平的提高，进而促进农业现代化水平的提高。另一方面，农业现代化是包括农业、农村和农民的现代化，实现农业现代化需要完成农业劳动力的分化转移，以及农业组织的不断完善和创新。农业现代化不断对农业微观经营主体的企业化提出要求，农业企业化正是农业劳动力转移和农民分化的基本前提。在企业化的低级阶段，社会分工由垂直型向水平型转变；在企业化的高级阶段，生产和资本的逐渐集中形成垄断性的农业企业集团，企业化的充分发展将直接导致农业现代化，农业企业化是农业现代化的高级阶段。因此，农业企业化是农业现代化的微观推动力量和重要内容，农业现代化是农业企业化的重要带动力量。

农业企业的规范化使农业组织由初始的、简单的组织形态向复杂的、开放的和具有工厂化特征的农业组织形式转变。我们要根据农业经营外部环境的变化适时调整和完善企业组织及结构，以提高农业生产力和经济效益为目标，以组织企业化为主线，从而建立起适合中国农业发展的农业企业组织形式及体系。在坚持家庭联产承包责任制合理内核的同时，对小规模农户进行改造与重塑，以农业企业化经营组织替代小规模经营农户，有效克服其内在缺陷，改善其组织及经营行为效能，这是中国农业微观经济组织创新的内在逻辑。农业微观经济组织进一步创新的逻辑目标是塑造出符合现代市场经济要求、适应国际市场竞争需要、有利于加快农业现代化步伐的农业微观经济组织。这种农业微观经济组织必须突破血缘、地缘关系的局限，突破自给性或小商品生产方式及经验式、宗法式管理的束缚，建立契约型组织结构，实行专业化、商品化、规模化生产经营和企业化管理。推行农业企业化是中国农业微观经济组织创新、改进微观经济组织效能的必然选择。

第十章　农业微观经济组织创新的实现

一、农业微观经济组织创新应明确的几个问题

尽管我们说，组织创新本身就是一种制度变迁，但是相比之下，农业微观经济组织创新比推行家庭联产承包责任制复杂得多。农业微观经济组织创新的目的就是要在继续稳定现有地权制度的前提下，调整农村组织结构，改进组织目标，优化组织行为，以减少农村经济运行中的不确定性。要想实现这些目标，中国农业微观经济组织创新应明确以下几个问题。

（一）稳定农户家庭的微观组织主体地位

国际国内实践经验和相关经济理论都证明了农户家庭具有微观组织主体地位。作为生产关系范畴的农民家庭经营组织对农业生产力的容量具有很大的弹性：既能适应传统农业的客观要求，又能适应现代农业的客观要求；既能适应农业小规模经营，又能适应农业大规模经营；既能适应农业生产的特点，又能适应农业经营的特点；既能适应农民的组织习惯和心理习惯的客观要求，又能适应农民的组织完善与创新的客观要求。因此，农民家庭经营在我国今后一段时期内仍将是农业微观经济组织的主体形式，因为它既体现了广大

劳动人民的意愿，又适合中国的国情。农业微观经济组织创新的目的，并不是要取消家庭经营组织在农业微观组织中的主体地位，废除家庭联产承包责任制另搞一套，而是为了使家庭分散经营和集体统一经营的潜力得到进一步发挥，更好地为家庭经营提供服务，从而形成有机结合的、有活力的新型经济。

（二）组织创新应植根于明确的土地制度建设方向

土地制度是一个国家最为重要的生产关系安排，是一切制度中最为基础的制度。农村土地集体所有，家庭承包经营的制度具有极强的适应性和生命力，而且家庭经营在本质上有适应农业生产规律的特性。习近平总书记曾在安徽省凤阳县小岗村的座谈会上强调，新形势下深化农村改革，主线仍然是处理好农民与土地的关系。因此，新时期农村土地制度建设的方向应该是农民土地使用权长期化、物权化、资本化，对与农村土地相关的一系列权利，国家应按照“明确所有权、稳定承包权、放活使用权、保护收益权、尊重处分权、给予农民谈判权”的逻辑分别进行政策和法律界定。

从国际上看，不论是公有还是私有土地制度，都存在着对地权的分割问题。例如在美国，农地私有制度并没有给所有者带来完整的土地权利，联邦、州及县政府保留了相当多的对农地控制和管理的权利，包括对土地的征用权、征收足额土地税、土地规划和管理权等。但是，美国农户或农场主的土地私有权利是得到充分保障的，这得益于美国健全的土地法规和制度，以及保障私有权利的文化传统。相比较而言，中国农民虽然获得从集体土地所有权中分离的土地使用权，但在权利保障方面与美国相比仍存在一定的差距。地权稳定性是土地所有者进行土地长期投资的关键，由此我们可以得出的结论是：中国农村土地制度改革方向绝不是私有化，而是要赋予农民长期而有保障的土地使用权。这种保障其实就是为其行为主体提供稳定预期。另外，我国颁布实施的《农村土地承包经营权流转管理办法》规定：农用地承包经营权的流转不得改变土地的农业用途。因此，要切实坚守中国18亿亩的耕地红线。

（三）组织形态契合农业产业化、市场化的发展规律

农户组织因受到农业产业化、市场化发展趋势的影响，表现出了一些不适应性，从而使其生产经营效率的提高在20世纪90年代以后逐渐减慢。因此，面对产业化、市场化发展趋势的不可逆转性，农业微观经济组织需要在农户家庭组织的基础上进行组织形态的创新，这样才能进一步提高其环境适应性，提高其生产经营效率，并反过来促进农业产业化经营的深化发展。

第一，要加大农业资本运营力度，为农业微观经济组织建设提供资金要素，使其具备启动农业产业化经营的实力。农业资本运营是以生产要素（土地、资金、劳力）为对象，以农村资本的产权交易为纽带，从而实现农村资源存量启动、增量资产有效组合的方式。它的主要运作形式有资源资产的拍卖、租赁、承包、折股及农业企业的股份（合作）改组等。通过上述方式激活沉淀资金，一方面可以扩大家庭经营组织的产权规模；另一方面能够增加社区合作经济组织的积累，从而吸引更多的农村闲置资本投向农业产业化经营。

第二，在深化供销合作社等集体所有制合作经济组织的同时，大力发展以专业技术协会为代表的民间性服务组织及其他新型合作经济联合体，使农业微观经济组织有效地支撑农业产业化经营。“中国农村民间合作服务组织研究”课题组的调查表明，在农户对各类农业社会化服务组织欢迎程度的综合排序中，农村民间合作服务组织排在第三位，其中又尤以专业技术协会这种农民互助合作性质的经济组织最引人注目。究其原因，主要有以下两个方面：一方面，其本身具备合作制的基本属性，能适于组织制度变迁的成本最小化原理，如坚持了双层经营制度，能不触动家庭经济单元，能体现对农业资源所有权的尊重等；另一方面，它立足于特定区域内的专业生产，便于通过办实体、建“龙头企业”实行农业产业化经营。因此，这类民间性服务组织是最适合当前生产水平的，尽管还不是十

分规范，但它适应了农民当前的需要，因而具有旺盛的生命力。

（四）建立完善的农业社会化服务体系

家庭经营加上农业社会化服务体系，才能真正构成完整的农村经济组织系统。中国人多地少的基本国情决定了农业家庭经营的规模不会太大，总体上是一种偏小的经营规模。农业要走向现代化就必须有现代化高水平的农业生产力（机械化、电气化、良种化、科技化等）和健全的社会化服务体系为其提供保障。兴建和完善社会化服务体系是中国新型农业微观经济组织形成与发展的重要外部条件，这种服务体系可以通过多方的努力来形成：第一，家庭之间联合组建成为自身生产领域和流通领域服务的服务组织；第二，双层经营组织中的统一经营组织为农户家庭提供基础设施、机械装备、繁育良种、农资供销、农产品加工营销以及市场信息等方面的服务；第三，涉农工商及交通运输等企业为农户家庭提供资金、技术、装备、信息、加工、营销等服务。所有这些方面所组成的服务体系越健全，提供的服务就越周到，农户家庭作为基本生产单元的支撑体系就越牢固，经营的效果也就更好。完善的社会化服务体系还包括建立合理的市场结构和完善的市场体系。根据中国目前的情况，要建立合理的市场结构和完善的市场体系，既要求我们建立和完善农地流转市场，又要求我们建立和完善农产品市场。此外，相关部门还要引导各地积极打造集生产服务、金融服务、流通服务、公益服务、便民服务于一体的综合服务平台，整合资源，共建共享，为农民生产生活提供全方位、一站式服务，实现由单一化服务向系统化服务转变，由专项服务单线供给向综合服务一站式供给转变，由传统服务向现代信息化服务转变，通过便捷高效的农业社会化服务体系保障实现粮食增产与农民增收。

（五）坚持因地制宜的原则

不断推进农业微观经济组织创新和组织结构优化，是不同地区农业现代化进程中的普遍规律。但由于中国各个地区的自然资源禀赋、地方经济特点、市场化程度、农业发展基础、农业发展水平等方面各有不同，所以农业发展的重点和方向就不尽相同，从而形成了各具特色的农业微观经济组织创新和组织结构优化的具体模式。甚至同一地区在不同的发展阶段，也采取了不同的组织模式和创新路径。中国农业微观经济组织的创新，必须顺应中国经济发展的客观趋势和当今世界农业发展的一般规律。从现实国情出发，各个地区要在发挥各地比较优势的基础上，适应市场需求，因地制宜选择符合自身特点的农业微观经济组织创新路径。

（六）发挥不同类别农业微观经济组织的功能

不同类别农业微观经济组织在农业组织结构中的功能和定位各异，各种组织之间并不是非此即彼的对立关系，而是各有其不同的特点和优势，各有其适应范围和生存空间。中国要实现农业微观经济组织的创新发展，除了要坚持农户家庭经营的基础性地位之外，还要重点发展多种形式的农业合作经济组织，以此来克服家庭经营的组织局限性，以合作来将分散小农的力量集中起来，解决小规模与大产业、小生产与大市场、分散经营与统一服务的矛盾。对于企业类组织，则要充分发挥其资金、技术、信息、市场等方面的优势，通过资本运作、产业延伸、品牌嫁接等方式进行联合重组，并要着力避免工商企业争夺小农利益等现象的发生。

二、农业微观经济组织创新的基本途径

（一）让农民自己选择

传统观念认为，我国农村缺乏经济组织的创新机制，农民从来就不善于选择，从而也就不难理解经济组织的“行政化”倾向。然而，随着我国农村经济体制改革的逐步推进，农民在市场经济发展

过程中不断发掘组织资源，各类新型的组织形式不断涌现，构成了经济发展中新的市场主体。这里涉及一个相当重要的问题，那就是我们应该充分相信农民的创造力和判断力，让农民根据自身生产经营的需求和比较优势的高低自主选择统一经营的内容、形式和范围。此外，中国农村经济组织建设的历史和现实表明，大规模地、自上而下地采取行政手段去建立经济组织的做法都是不可能成功的。农村经济组织的重建和创新只能自下而上地进行。尊重农民的愿望，让农民根据经济发展的需要，在市场经济大潮中找到自己的位置，让农民自己去比较、辨别、抉择、创造，这是任何组织和个人都不能代替的。尊重农民自己的选择，应成为农业微观经济组织创立和发展的基本原则之一。

（二）加强政府引导和支持力度

农业微观经济组织的发展，任何时期都不能缺少政府的支持。在目前中国农村市场经济发育程度还有待提高，经济发展在相当大程度上还依赖于行政力量推动的情况下，政府支持更是相关组织体系建立和完善的重要条件。各级政府在把农业放在国民经济首要地位的同时，必须把农村微观经济组织体系的建设放在与之同等重要的地位。在政策措施、物资保障和资金安排等方面，政府要尽可能多地关注和扶持组织体系建设，从而确保组织体系正常发展。政府的扶持大致可归纳为以下几个方面：一是加大政府财政与金融扶持力度，增加财政预算支出，拓宽融资渠道，为农业微观经济组织的发展提供资金支持；二是实施必要的政策优惠，包括税收减免、补贴等；三是各级政府要积极开展农业相关教育和培训，教授给农民农业技术、经营、市场推广等各种与农业发展有关的知识，全面提高农民的基本素质和能力。

（三）把握市场体系建设重点

经济组织也是市场组织，其发展必须具有一个良好的市场环境。

中国农村市场还未形成完整的市场体系，市场机制的功能在农村难以充分发挥，现有的市场环境给农业经济组织发展造成了一定的障碍。为此，相关部门要尽快完善市场运行机制，深化农产品流通体制改革，为农产品流通创造良好的市场环境和秩序，保障农产品有序进入市场流通，并通过市场“杠杆”的调节，指导农民调整农业产业结构，按照市场需求来组织生产，实现农业增产、农民增收。建立和完善市场体系，相关部门可采取以下措施：一是培育和建设农村各类商品市场，并使之成为结构适宜、功能配套、协调产销的有机体系，使各类市场都能充分发挥作用。我们要重点完善区域性农产品批发市场、零售市场和社区性农贸市场，兴办一批具有一定竞争优势和产地特色的专业市场，积极推进农产品生产基地与大型超市、企事业机关、大中型餐饮企业、工厂食堂、学校食堂等的直接对接，促进产销衔接，鼓励农民专业合作社和农业生产基地在社区菜市场直供直销。积极探索农产品直销与电商销售有机结合的模式，充分利用现代信息技术手段，推进电子商务进农村。二是培育和建设要素市场，以促进生产要素在城乡之间自由流动，从而实现资源有效配置，提高农村经济和国民经济的整体效益水平。三是建立市场宏观预测系统和信息网络系统，对全国各地农产品流通和市场供求状况进行及时准确的预测和传导，帮助农民正确认识市场、掌握市场规律，提高对市场信息的识别、接收、处理和运用能力，以指导农户生产和消费，调节供求，减少市场波动，促进农产品市场流通，提高流通效率。

（四）主动适应和优化外部环境

外部环境对农业微观经济组织来说，是客观的、不可控的。但在改善和优化外部环境方面，农业微观经济组织也不是无能为力的。一方面，政府不断为经济组织创造良好的外部环境；另一方面，经济组织也要充分发挥主观能动性优化外部环境，努力参与市场体系的建设和完善，促进农业和农村经济的全面发展，积极争取政府的重视和扶持，争取社会各界的关心和协助，主动适应和优化外部环境。

（五）重视和加强组织立法和制度规范

法制建设与经济发展是息息相关的。就组织体系建设而言，政府立法是相关经济组织建立与发展的依据和保障。发达国家和地区的农业微观经济组织的发展，很大程度上得益于其完备的法律法规。如日本农协就是依据《农协法》建立的，其运行机制也是在《农协法》严格规范下形成的，《农协法》对农协的发展壮大起到了极其重要的保障作用。我国尚处于农业微观经济组织的立法初级阶段。2007年7月1日正式实施了综合法——《中华人民共和国农民专业合作社法》，后进行修订，并于2018年7月1日起施行新修订的合作社法。但总体来看，我国仍没有针对不同种类、不同运行模式的合作社分别立法规制，在民法、商法中也缺少有关合作社内容的附属法律条款。此外，我国对合作社运行中的销售、贷款、审计监督、赋税等方面的具体规范，还有许多问题需要探索。为弥补立法方面的不足，在全国性综合法律的基础上，地方政府可以制定更加完善配套的支持政策，采取一切力所能及的措施，切实加强对农业微观经济组织发展的政策支持力度，同时，地方政府还可以加强对农业微观经济组织的指导和监督，促进其规范运作。

（六）加快农业产业化发展

整体谋划农业产业体系，根据城乡居民食物消费结构整体性变化的特点调整农、林、牧、渔的产业构成。改革开放以后，中国城乡居民已经完成食物结构由谷物类产品主导型转向动物类食品主导型，再转向绿色食品主导型的两次重大转换。对此，我们必须迅速优化农业产业结构，推进农业产业链和价值链建设，促进农业产业转型升级，提高农业全产业链效益。创新产业融合方式，积极培育产业融合主体，大力推动第一、二、三产业融合发展，加大农产品深加工的转化率，实现农产品加工业由初向深、由粗向精的转变，通过延伸产业链和构建利益链，解决农产品供需脱节，农业生产与加工、流通脱节，农民与市场脱节的难题，提高农产品附加值。立足产业发展，扩大绿色食品、无公害农产品、地理标志产品及有机食品等安全优质农产品生产，走绿色发展、集约发展和生态产业化的路子。整合产业链、要素链、利益链，加快培育以龙头企业为核心、专业合作组织为纽带、家庭农场为基础的现代农业产业化联合体。

（七）加大农业科技创新力度

2007年中央一号文件提出："推进现代农业建设，顺应我国经济发展的客观趋势，符合当今世界农业发展的一般规律，是促进农民增加收入的基本途径，是提高农业综合生产能力的重要举措，是建设社会主义新农村的产业基础。"[①]中国农业的现代化必须要以科技创新为驱动。农业科技创新是一项系统工程，实现农业科技创新要求我们要整合资源，打破区域之间、政府部门之间和学科之间的界限，促进产学研协作、农科教结合、产技创联盟；鼓励和扶持农科教机构、涉农企业和农业产业园区建立工程研究中心、重点实验室、研发中心等，搭建农业科研平台，建立一批规模化、标准化、集约化、机械化和专业化的生态健康养殖基地和种子生产基地，建成一些成果孵化和中试基地；在农机装备、生态养殖、生物育种等领域实施一批重大农业科技创新工程，推进生态养殖和良种推广关键技术攻关；进一步提高知识产权保护意识和管理水平，鼓励高新技术企业和农业科研机构申请专利、注册商标，申请生物育种新品种保护，依法取得知识产权；积极引导高等院校、农业科技协会、农民专业技术协会、民间私营推广机构和公益组织等社会力量加入农业科技推广队伍。

---

① 十六大以来重要文献选编（下）[M].北京：中央文献出版社，2008：835-836.

三、农业微观经济组织创新要处理好的几个关系

（一）政府与农业微观经济组织之间的关系

中国目前实行的是社会主义市场经济体制，市场应通过农业微观经济组织所发出的市场信号，即价格机制来调整自身的经营策略和管理战略，以优化资源配置，而不是只服从于政府的强制性命令。政府在社会主义市场经济体制下一般只发挥宏观调控的作用。在市场经济条件下，我们必须处理好政府的宏观调控与农业微观经济组织的微观行为之间的关系：各级政府在支持农业微观经济组织发展的过程中，要明确职责，始终坚持“引导不强迫，扶持不干预，服务不包办”的原则，遵循市场规律和农业经济组织发展规律，有所为有所不为，既不缺位也不越位，充分尊重农民的主体地位，充分体现“民办、民管、民营、民受益”的原则，淡化“官办”或“半官办”的行政色彩，防止走“政企合一”的老路。

（二）家庭农场、农民合作社和龙头企业之间的关系

家庭农场、农民合作社和龙头企业在某些环节和领域存在一定程度的重合。各类组织要根据自身的不同特点，发挥各自的比较优势，努力形成各类组织间合作与联合的组织形态。在现有的生产力水平下，家庭农场作为一个具有综合经营性质的经济体，具有广泛的适应性，是我国目前主要的农业商品化生产主体。家庭农场出于效率和效益考虑，可能将一些生产性服务外包给特定组织，如专业合作社；在农地租赁方面也可以借助于农民合作社，以避免分散农户之间交易所产生的高昂交易成本，或直接从农民土地合作社租入土地。随着合作的深入，一些家庭农场可能成为合作社成员。类似地，龙头企业虽然辐射带动能力较强，但为了降低与农户的交易成本，也可以加入某个合作社或直接领办合作社，这在各地都有经验

可循。即使不加入合作社，家庭农场、龙头企业和农民合作社之间也可能由于产品或服务的交易而产生经济合作关系。各类组织在不同领域的发展，是市场机制选择的结果。在实践中，我们不能人为地去发展某一种组织，而应当在推动土地、资金要素市场改革的基础上，运用市场机制调节各类组织的发展，不能厚此薄彼、人为干预。如果盲目发展单一组织，结果可能违背市场规律，事倍功半。

（三）推进适度规模经营与发展社会化服务的关系

在传统农业发展阶段，分散的小农往往可以通过一己之力或邻里互助完成生产过程，一般不需要跨区域、大规模的社会化服务。而在建设现代农业阶段，随着农民经营规模的扩大，这种需要自然就产生了。农业生产经营是复杂的系统工程，任何一个组织都不可能“包打天下”。出于对生产稳定和利润最大化的追求，农民更愿意接受专业化、社会化的生产服务。这是因为，在某些方面，农民即使能够自给自足，也可能达不到规模经济的要求，比如搜集农业信息、开展市场营销、统防统治、抗旱排涝等，而这些服务如果在更大范围内统一提供，则能实现规模经济效益。从这个角度看，农民有了服务的需求，并通过规模经济来激励服务的供给，就能为社会化服务发展创造良好的环境。同时，农业微观经济组织也能参与提供社会化服务，它们可以通过领办或合办社会化服务组织，通过农业微观经济组织自发的产业链整合，为自己和其他农业经济组织提供高质量服务，这有利于在更大范围内降低成本，拓展利润空间。因此，对于农业微观经济组织而言，发达的农业社会化服务是其快速发展不可或缺的条件。

（四）发展与规范的关系

农业微观经济组织要坚持发展为先，因地制宜，因势利导，先发展后规范，以规范保发展；要在制度、机制、管理上进行规范，建立规范的章程，完善内部相关制度，建立科学合理的利益积累和分配机制，依法开展生产经营活动；要通过分类指导，引导农业微观经济组织从初级形态的互助发展为生产经营的联合与合作，从区域性合作发展为跨地区、跨部门的行业性合作，从简单的生产经营服务性合作向产权明晰、权责明确、管理科学的资本合作等方向发展。

（五）政策扶持与营造环境的关系

农业微观经济组织在发展到一定的阶段时，政府加大资金和项目等扶持力度是必要的。从长远看，政府还要为农业微观经济组织营造良好环境，积极主动地为农业微观经济组织提供政策咨询、技术、市场信息、培训等方面的公共服务，鼓励支持农业微观经济组织参与重点项目建设和新技术、新产品的推广应用，支持帮助合作经济组织申报无公害基地、无公害产品、绿色食品、有机食品认证，以及申请注册农产品商标和地理标志，以良好的服务推动农业微观经济组织不断发展壮大。

第十一章　多元化农业微观经济组织创新方向

任何组织都不是一成不变的，为了生存与发展，随着环境的变化，它们都会不断地进行创新。农业微观经济组织创新是中国农业现代化进程中的基础性、根本性举措，是中国特色农业现代化道路不可或缺的组成部分。经过几十年的变迁，当前中国农业微观经济组织创新又站到了新的起点。当前，农业微观经济组织变迁机遇与挑战并存，我国要从农村的社会经济实际状况出发，遵循有利于推进农村的改革与发展，符合农民的意愿，能够提高农民收入的原则，走多种组织共同存在、共同发展的多元化发展道路，根据中国特色农业现代化对农业组织结构的要求，进一步引导农业微观经济组织创新的基本方向。

一、家庭经营组织创新方向

中国农业的发展必须以完善的微观组织体系为依托和支撑，而在农业的微观组织体系中，农民家庭经营组织居于主体地位，是起基础作用的组织细胞，是适应农业生产特点的最有效的组织形式。目前，中国农民家庭经营组织在规模、经营、市场、农业产业化发展趋势等方面仍难以适应现代化大生产的要求，相关部门必须采取有效的方式加以整合创新。中国农民家庭经营组织的创新包括外延性创新和内涵性创新。

中国农民家庭经营组织的外延性创新，是指家庭经营组织向外部拓展，与相关的各种经济组织采取紧密型或松散型的契约方式建立各种经济组织，坚持利益共享、风险共担的原则，形成以家庭为基础和轴心的农业微观经营组织。其基本运作模式可以设定为农户承包、区域联片、专业合作、一体化经营。也就是说，在生产领域，种养殖业等农业生产活动仍以农民家庭经营组织为基本单位进行，同时结合结构调整，产业升级，区域化、专业化建设，在条件大体一致的区域内，将碎片化的土地集中起来，实现有组织的按户连片耕种，为农业机械化生产提供条件，从而形成规模经营、批量生产；在流通领域，由农户联合或由村、组、乡、镇、县、市等社会组织或政府出面，组建专业化的农资供销和农产品储运、加工、销售等专业合作社，使单个分散的农户联合起来，增强他们参与市场谈判和抵御市场风险的能力；在农业产业化经营领域，积极创造条件，以大中型龙头企业带动农户生产经营，形成产、加、销一体化经营格局，使农户家庭经营组织以生产车间的角色参与到农业产业价值链的构建中，从而增加农户收入。农民家庭经营组织进行外延性创新，可以有效克服现有传统式农民家庭经营组织的多种弊端，弥补其不足，形成新的具有一定规模的农业生产力，推动农业的发展。

中国农民家庭经营组织的内涵性创新，是指农民家庭经营组织自身的创新，是其内在素质的改造。这种创新包括产权制度的完善与改革，经营规模的扩大，经营机制的转换，决策与管理的科学化、合理化，内部经济关系的转化等。农民家庭经营组织在内涵性创新过程中，必然会逐步失去传统性特征，实现向现代型组织模式的转变，形成各种类型和不同组织方式的现代企业式家庭农场。

中国农民家庭经营组织的创新（包括外延性创新和内涵性创新）必须经历两个阶段：第一阶段是转轨型阶段，这一阶段将实现由传统型农民家庭经营组织向转轨型农民家庭经营组织的转变，形成农民家庭经营组织这种集约经营模式；第二阶段是现代型阶段，将由转轨型农民家庭经营组织向现代型农民家庭经营组织转变，农民家庭经营组织升华为现代企业式家庭农场。

第一阶段——转轨型农民家庭经营组织阶段。转轨型农民家庭经营组织是对传统型农民家庭经营组织创新的结果，其创新的主要途径是通过农业产业化经营对传统分散经营农户进行整合。农业产业化经营对农业微观经济组织的整合作用主要体现在两个方面：一是农业产业化经营在促进农业的专业化、社会化进程的同时，还促进了土地的集约化经营，从而提高了农民家庭经营组织集约化经营的程度；二是通过产业融合与组织的协同作用，生产要素按利润最大化原则的流转速度加快，大大增加了分散农户的非农效益，在兼业机制上促进了劳动力要素向非农部门的转移和土地的适度集中。这两方面的作用客观上促进了两类不同集约经营形式的形成：小规模集约经营与适度规模集约经营。

第二阶段——现代型农民家庭经营组织阶段。随着生产力的进一步发展以及转轨型农民家庭经营组织形式的日渐成熟，农业家庭经营组织会向更高级形式发展。这是因为，传统型农民家庭经营组织创新的最终方向应该是使农户家庭既成为市场主体，又成为具备充分的市场竞争能力，能从事适度规模经营、专业化生产、企业化管理、自主经营决策与自负盈亏的经济实体，这种经济实体就是家庭农场。所谓家庭农场，主要是指在转轨型农民家庭经营组织阶段形成的两类集约经营组织基础上，以农户家庭为基本组织单位，面向市场，以利润最大化为目标，使用（或合作经济组织提供使用）机器，从事适度集约规模经营的农林牧渔的生产、加工和销售，实行自主经营、自负盈亏、自我积累、自我发展和科学管理的企业化经营实体。它保留了家庭经营的内核，是家庭经营的高级阶段。近年来，中国通过政府加强引导、提供政策支持以及不断完善配套法律，使得不少地方出现了具有现代企业特征的家庭农场，弥补了家庭承包经营方式的组织制度缺陷，实现了农业土地资源的市场化配置和农业劳动者由传统农民向现代产业工人的转变，产生了较高的要素聚集和规模效应。作为农民家庭经营组织发展的高级阶段，家庭农场是农业微观经济组织发展的目标。但是，人多地少的现状决定了中国目前还不宜大量发展家庭农场。因此，要在加快农民家庭经营组织创新速度的同时，应加强引导，积极促进有条件的农村大户和民营农庄向家庭农场转变。

二、合作经营组织创新方向

当前，中国农民专业合作社呈现迅速发展之势。要克服小农户与大市场之间的各种矛盾，农户之间的联合与合作是必然趋势。只要中国以农户家庭作为农业微观经济组织基础的情况不发生根本改变，发展合作经济组织就将是农业微观经济组织创新的主要路径之一。

（一）合作内容上从生产流通扩展到金融合作

从合作经济组织本身的业务范畴看，其不仅包括传统生产领域的合作，金融合作也已经出现并有望快速发展。2013年召开的中共十八届三中全会明确提出“允许合作社开展信用合作”。2014年的中央一号文件也提出要发展新型农村合作金融，“在管理民主、运行规范、带动力强的农民合作社和供销合作社基础上，培育发展农村合作金融，不断丰富农村地区金融机构类型。坚持社员制、封闭性原则，在不对外吸储放贷、不支付固定回报的前提下，推动社区性农村资金互助组织发展”。另外，“鼓励开展多种形式的互助合作保险。规范农业保险大灾风险准备金管理，加快建立财政支持的农业保险大灾风险分散机制。探索开办涉农金融领域的贷款保证保险和信用保险等业务”。2017年中央一号文件直接提出了“加强农民合作社规范化建设，积极发展生产、供销、信用‘三位一体’综合合作”。所以，以资金互助、信用合作、保险合作等为内容的合作金融，已经被国家提上日程，成为今后一阶段农业合作经济组织发展的重要内容。

（二）合作经济组织的联合

单个合作社面临经营规模小、抗风险能力弱等问题，解决这些问题的最好方式就是加强合作社之间的进一步联合，这一点我们可以学习德国模式。合作社社际联合实现“一体”经营是合作社发展到一定阶段的产物。合作社之间合作的出发点是共享资源、抵御市场风险，通过合作社之间的合作，在适度的区域范围内建立联合组织，如联合社、联合会、协会等，这样不仅可以通过横向一体化实现规模经济、范围经济，最大限度地降低合作社的交易成本、降低市场风险、提高市场谈判地位、改善社员服务，而且可以促进纵向一体化经营，加强资源要素整合，延长产业链条，拓宽合作社发展空间[①]。合作经济组织的联合与合作具有协同效应，他们之间的联合与合作能够产生“1+1>2”的效果甚至是乘数效应，从而使合作经济组织呈现集群化发展格局。

在合作经济组织持续发展的总体格局下，高级形式的经济组织联合开始发展和逐步增多。近年来，各地不断针对合作社进一步联合进行探索，既有基层合作社自发联合形成的自下而上的开放式或封闭式联合，也有由政府意愿推动的自上而下的联合。通过合作经济组织的联合，它们建立起一个相对完整的农业合作经济组织系统。不同层级的合作经济组织解决不同层面的问题，联系不同层级的政府，最终使国家对合作经济组织的管理与服务更加高效，使关于农业的政策传导更加及时。

三、企业经营组织创新方向

在内部培育与外部引进中取舍。中国农业现代化既需要引入资本的力量，也需要遏制资本力量的过度膨胀。尽管我国对工商资本

① 杜婵.中国农民合作社发展历程与未来趋势[J].当代县域经济,2016(3):46-47.

进入农业仍然存在一定争议，但工商资本进入农业已经是不争的事实。究其原因，有以下两个方面：一方面，随着市场化改革的不断深入和人民生活水平的大幅提高，中国现代农业发展已进入资本化时代。在这一阶段，农产品市场需求结构已逐渐发生变化，人们对优质、安全、方便的农产品需求日益旺盛，唯有加大资本投入，才能改善农业生产条件，才能扩大农业生产经营规模和推进农业的集约化、标准化、专业化、品牌化生产，才能提高农业的质量效益、增加农产品有效供给和确保质量安全，才能加快改造传统农业和发展市场农业。这是农业发展对资本的迫切需求，也是市场经济下农业发展的必然要求。另一方面，尽管农村拥有大量的土地资源，但由于目前农产品的商品属性难以转换为资本，以至于有资源、缺资本成为农业农村的普遍现象。同时，政府的农业投入不足和农村普遍存在的贷款难，更加加剧了农村的资金短缺。比较而言，在中国城乡二元经济社会格局尚未从根本上被打破的情况下，工农之间和城乡之间发展的不平衡、不协调的矛盾突出，过多的社会资源被城镇和非农产业占有。这样，资本的逐利本性诱导一部分工商资本转入农业农村开辟新的“战场”。从总体上看，资本供给和资本需求的对接，使工商资本进入农业领域成为一种必然[①]。在农业发展中的什么环节，通过什么形式引入工商资本，是一个需要深入研究，并根据不同发展阶段确定政策导向的问题。工商资本进入农业已是大势所趋，我们面临的不是允许或不允许的问题，而是选择如何趋利避害的问题。

目前，企业类经营组织已经成为中国农业微观经济组织的重要组成部分，其中不仅有农业产业化龙头企业，还有活跃在农产品购销、农业生产资料供应等生产经营一线的小微企业、个体工商户等。未来在农业企业经营组织的培育方面，存在两种不同的路径选择。一方面，各种农村“内生”的农业微观经济组织，包括家庭经营类

① 贺军伟，王忠海，张锦林．关于工商资本进农业的思考和建议[J]．中国发展观察，2013(7)：47-50.

和合作经营类组织，都想挤占农业产业链上更多的利益。在现代市场经济条件下，企业因其规范性、趋利性和治理结构更加适宜在市场经济条件下生存，因而各种农业农村经济组织兴办的企业类生产经营组织，始终有着强大的生命力和市场空间。针对此，我们要加快推进农村“内生”企业的经营组织创新，尽可能降低经营组织创新的成本，提高企业经营组织创新的收益，让农业经营主体在创新经营组织过程中能获得专业分工、合作经营和股份合作的好处，尝到专业化、规模化、市场化的甜头，感受到降低成本、提高收益的实效。要积极发展特色农业、生态农业、精细农业、休闲农业，形成创新农业经营组织与发展现代农业互动双赢。另一方面，作为外部主体的工商资本也始终有进入农业生产经营环节的冲动。未来一个时期，内部组织的培育和外部组织的进入都不可避免，但从政策导向上看，对于内生型的企业经营类组织，应积极培育和引导发展，对于工商资本的进入则应谨慎应对，防止可能出现的非农化、非粮化倾向，相关部门要积极引导工商资本进入农户家庭和农民合作社干不了的农业生产环节和产业发展的薄弱环节，并注意引导其和农户结成紧密的利益共同体，带动农户致富增收。

四、生产服务组织创新方向

农业生产经营各环节服务的相对独立化和专业化，是转变农业发展方式、推进农业现代化的重要途径。2017年8月，农业部、国家发展改革委员会、财政部联合印发《关于加快发展农业生产性服务业的指导意见》，这是我国第一个明确支持农业生产性服务业发展的专门文件，该文件提出：要以服务农业农民为根本，以推进农业供给侧结构性改革为主线，大力发展多元化、多层次、多类型的农业生产性服务，带动更多农户进入现代农业发展轨道，全面推进现代农业建设；要按照主体多元、形式多样、服务专业、竞争充分的原则，加快培育各类服务组织，充分发挥不同服务主体各自的优势和功能。同时，鼓励各类服务组织加强联合合作，推动服务链条横向拓展、纵向延伸，促进各主体多元互动、功能互补、融合发展。农业生产性服务可以由家庭组织、合作经营组织和企业经营组织来提供。

以农民合作社为主的各类农业生产性服务组织，已成为引领小农户参与现代农业发展最为关键、最为直接、最为有效的载体，日益成为我国立体式复合型现代农业经营体系的重要力量和关键支撑。但是相较于发达国家和地区而言，我国农业生产性服务组织发展还相对滞后。加快发展农业生产性服务组织，要在服务主体与生产主体之间的市场交易、契约关系基础上实现深度融合、互助共赢，各类服务主体与生产主体之间要逐步形成资源共用、风险共担、利益共享的利益共同体。但与其他领域不同的是，仅有经营性服务组织尚不能适应农业生产的需要，诸如良种培育、中试与推广、信息服务、先进技术示范等农业生产性服务业的一些环节和领域，不能或不能完全由经营性组织来提供，而应主要由政府农技推广部门、农业高校、农业科研机构等来提供，或者由公益性组织与经营性组织相互合作，共同提供农业生产性服务。农业生产性服务既具有经济属性，又具有公益属性。农业生产性服务体系应以社会化服务为主、公益性服务为辅。另外，农户对农业生产性服务期待越来越高，除了农资、农技、产销对接等传统农业服务，农户对于产前信息获取，产后流通加工、冷链仓储、农产品品牌、电商销售、资金支持等方面的需求也日益旺盛。农业生产性服务已经超越生产范畴，从服务于农业生产领域到农业全产业链，再到服务于农民生产生活的方方面面，服务链不断拓宽延长。而大数据、云计算、区块链、5G信息技术等现代人工智能手段的运用，更从业态层面拓展了农业生产性服务业的范畴。因此，生产经营与农业服务的市场边界逐步模糊，从而产生了大量的新组织、新模式。农业服务组织要在立足自身优势的基础上，通过加强联合合作，包括与政府行业管理部门、行业协会、产业联盟、农业产业化联合体之间的合作，实现功能互补、利益分享，有效发挥服务的规模效应，开创新的服务模式，提升整体服务质量和服务水平。鼓励各类服务主体围绕同一产业或同一产品，以资金、技术、服务等要素为纽带，建立“生产性服务企业+工厂+农户”“生产性服务企业+工厂+科研院所+农户”等模式，打造一体化的服务组织体系。同时，借助协会等中间组织的力量，吸引有实力的农业企业、互联网企业和产业关联企业进入农业服务领域，引入新业态、新技术和新模式，提升农业服务的发展层次和附加值。总之，在发展路径上，农业生产性服务组织的发展需呈现多元化模式，进而推动生产性服务由单环节向多环节进而向全环节转变。